DES CESSIONS

D'OFFICES D'AVOUÉ

DES CESSIONS

D'OFFICES D'AVOUÉ

AVEC FORMULES

Par G. RICHAUD

DOCTEUR EN DROIT — OFFICIER D'ACADÉMIE

CONSEILLER A LA COUR D'APPEL DE BOURGES

COLLABORATEUR DU *Journal du Ministère public* ET DU *Journal des Greffiers de Justice de Paix*

PRIX : 2 fr. 50

PARIS

MARCHAL & BILLARD

IMPRIMEURS-ÉDITEURS, LIBRAIRES DE LA COUR DE CASSATION

Place Dauphine, 27.

1905

DES CESSIONS

D'OFFICES D'AVOUÉ

AVANT-PROPOS.

1. — Sous l'ancien droit romain on ne pouvait se faire représenter par autrui dans les actes juridiques, sauf dans trois cas, en raison de ce que l'action était d'ordre supérieur et général : *pro populo*, *pro libertate*, *pro tutelâ.* Mais l'intervention des *procuratores ad lites*, d'abord admise en faveur des absents ou des prisonniers de guerre, devint bientôt d'un usage général, et fut enfin consacrée par Justinien.

2. — De même, dans notre ancienne législation, le mandat *ad litem* fut d'abord interdit : le roi seul pouvait se faire représenter en justice, suivant la maxime : « Nul en France, sauf le roi, ne plaide par procureur. » Mais, peu à peu, on se relâcha de cette rigueur et, dès 1327, nous trouvons des procureurs institués au Châtelet. En 1378, Charles V limita leur nombre au Parlement de Paris ; enfin, sous Louis XII, François Ier et François II, ces fonctions furent successivement érigées en *offices*. De nombreux édits et règlements, parmi lesquels nous citerons notamment les ordonnances du Châtelet d'octobre 1485, fixèrent leurs privilèges leurs droits et leurs devoirs.

3. — La Révolution modifia complètement leur situation. La loi du 29 janvier 1791 supprima la vénalité et l'hérédité des offices ; la dénomination de *procureur* fut elle-même changée : l'article 2 du décret du 6 décembre 1791 décide, en effet, qu'il y aura à l'avenir, près des tribunaux du district,

« des officiers ministériels ou *avoués* dont la fonction sera exclusivement de représenter les parties, d'être chargés et responsables des pièces et titres des parties, de faire les actes de forme nécessaires pour la régularité de la procédure et mettre l'affaire en état. » — Peu après, le décret du 3 brumaire an II les supprima.

4. — Cependant, comme le législateur n'avait pu abroger en même temps toutes les règles de procédure, ces dernières furent si mal appliquées, si méprisées ou dénaturées par des mandataires sans responsabilité, dont les exigeances étaient souvent excessives, que les plus vives réclamations surgirent de toutes parts. Aussi la loi du 17 ventôse an VIII, qui régla enfin notre organisation judiciaire, estima que leur rétablissement serait le plus sûr moyen de mettre fin aux nouveaux abus. « On ne fait, en rétablissant les avoués, dit l'exposé des motifs, que céder au vœu de tous les hommes qui sont instruits de la marche de la procédure ; elle ne peut être régulière sans cette institution ; c'est l'unique moyen de prévenir d'immenses abus, et, ce qui ne pourrait surprendre que ceux qui n'ont aucune expérience dans cette partie, de diminuer beaucoup les dépenses à la charge des plaideurs. ».

5. — Sous l'empire de la loi de 1791, le Ministère des avoués était facultatif ; la loi du 27 ventôse an VIII l'a rendu obligatoire ; celle du 28 avril 1816 a fixé le mode de transmission des charges. Aujourd'hui, toute personne qui désire devenir titulaire d'un office d'avoué doit non seulement remplir les conditions d'âge, de capacité et de moralité exigées par les règlements, mais encore être agréée par la juridiction près laquelle il est établi, ainsi que par le chef de l'Etat (1). Dans ce but, elle est obligée de déposer au parquet de la Cour, s'il s'agit d'une étude d'appel, ou du Procureur de la République de l'arrondissement dans lequel est situé l'office de première instance qu'elle veut acquérir, un certain nombre de pièces déterminées, que le Ministère public transmet à la Chancellerie, après les avoir soumises à la compagnie judiciaire compétente pour se prononcer sur *l'admittatur* du postulant (2).

(1) Les avoués sont nommés par décret du chef de l'État, sur la proposition de M. le Garde des Sceaux et la présentation du tribunal près duquel l'office est établi (Loi 27 ventôse an VIII, art. 95).

(2) Cette transmission a lieu par la voie hiérarchique, c'est-à-dire par l'intermédiaire du Procureur général qui, après s'être assuré de la régularité du dossier, donne son avis (à la suite de celui du Procureur

En ce qui concerne les avoués, aucune circulaire n'indique d'une façon nette et précise celles qui composent ce dossier ; les règles qui les concernent sont éparses dans un grand nombre d'instructions et de décisions ministérielles. Nous avons pensé qu'il ne serait pas sans utilité de les réunir et de les résumer afin de permettre à tout candidat d'éviter des déplacements, des démarches, et d'échapper aux lenteurs qu'entraînent toujours les renvois de pièces reconnues irrégulières, après examen, par le parquet ou par la Chancellerie.

CHAPITRE PREMIER.

NOTIONS GÉNÉRALES. — DES DIFFÉRENTS CAS QUI PEUVENT SE PRÉSENTER.

6. — **Conditions que doivent remplir les candidats.** — Pour être admis aux fonctions d'avoué, il faut être âgé de 25 ans accomplis, avoir satisfait à la loi sur le recrutement de l'armée, jouir de ses droits civils, civiques et politiques.

7. — On doit également : 1° produire un certificat de gradué en droit (voir *infra* n°s 46 à 50) ; — 2° justifier de cinq années de cléricature chez un avoué, sauf les exceptions que nous indiquerons sous les n°s 51 à 65 ; — 3° obtenir de la chambre de discipline des avoués de la juridiction près laquelle on désire exercer, un certificat de moralité et de capacité ; — 4° enfin être agréé par la Cour ou le Tribunal dont on veut devenir l'auxiliaire.

8. — Bien qu'il n'y ait pas d'incompatibilité légale entre les magistrats et les avoués d'un même siège, la Chancellerie refuse d'agréer la candidature d'un proche parent d'un membre de la Cour ou du Tribunal près lequel l'officier ministériel doit exercer ses fonctions (1).

9. — **Cautionnement.** — Outre le prix de sa charge, qu'il est obligé d'acquérir, l'avoué est astreint à verser un cautionnement dont le montant, indiqué sur le décret de nomination, n'a point pour base l'importance de la Cour ou du Tribunal au moment de sa nomination. Le chiffre en est

de la République quand il s'agit d'une étude de première instance) sur la candidature proposée.

(1) Voir *infra* n° 72.

toujours resté fixé conformément aux principes de l'organisation judiciaire établie par la loi du 27 ventôse an VIII, et varie suivant le nombre des conseillers ou juges et suppléants qui composaient, avant 1810, la Cour ou le Tribunal près lequel il est accrédité. L'article 88 de la loi de finances du 28 avril 1816 (tarif n° 8) le fixe à :

1.800 francs	pour les tribunaux de première instance qui comprenaient antérieurement à 1810.....	3 juges	et 2 suppléants,
2.600 francs	id.	4 —	3 —
3.000 francs	id.	7 —	4 —
5.000 francs	id.	10 —	5 —
8.000 francs à Paris.			
4.000 francs	pour les cours d'appel comprenant antérieurement à 1810......................	12, 13, 14	conseillers,
5.000 francs	id.	20, 21, 22	—
6.000 francs	id.	31	—
10.000 francs à Paris.			

10. — Un avoué n'est admis à prêter serment que sur la production et la remise au ministère public du récépissé constatant que son cautionnement a été intégralement versé. Il ne lui suffirait point, dans le cas où il aurait déjà rempli des fonctions publiques, de compléter celui qu'il aurait fourni antérieurement et qu'il n'aurait pas encore pu retirer, car ce dernier doit rester réservé à la garantie de la gestion à laquelle il a été affecté jusqu'à ce que les formalités légales pour obtenir sa restitution aient été remplies (1).

11. — Le récépissé est ensuite adressé, soit par l'intéressé, soit, conformément à la circulaire du 25 novembre 1895, par le Procureur de la République, au ministre des Finances, pour être échangé contre un certificat d'inscription définitive, indispensable aux titulaires pour toucher les intérêts (Circ. 30 juillet 1812).

12. — **Serment.** — Enfin, il doit prêter serment devant la juridiction près de laquelle il est accrédité. Tant que cette

(1) Les avoués sont tenus, aux termes de la loi du 25 nivôse an XIII, lorsqu'ils veulent réclamer leur cautionnement, de déclarer au greffe de la Cour ou du Tribunal, près lequel ils ont exercé, qu'ils ont cessé leurs fonctions, et cette déclaration doit rester affichée pendant trois mois dans le lieu des séances de la Cour ou du Tribunal. Ce n'est qu'après l'expiration de ce délai qu'ils peuvent en obtenir le remboursement en fournissant au Trésor un certain nombre de pièces fixées par arrêté du Ministre des Finances du 16 décembre 1833 (V. Massabiau, *Man. du Min. pub.*, édit. Mesnard, t. III, n°s 5657 et suiv).

formalité n'est pas remplie, il n'est pas définitivement investi du titre que le gouvernement lui a accordé, et ne peut ni entrer en possession de l'office, ni faire valablement aucun acte de son ministère. Aucun délai légal ne lui est imparti, mais la Chancellerie, qui a le droit d'apprécier les motifs du retard apporté à l'installation, peut, suivant les circonstances, faire rapporter le décret de nomination. C'est au ministère public à éclairer sa religion sur ce point (1).

13.— Nombre des offices. — Le nombre des avoués est fixé par des décrets rendus sur le rapport du Garde des Sceaux après avis des Cours et Tribunaux (L. 25 vent. VIII, art. 93). Réglé une première fois en vertu de la loi de l'an VIII, il l'a été de nouveau par l'ordonnance des 19-23 janvier 1820, pour le ressort de Paris, et par une série d'ordonnances intervenues dans le courant de la même année pour les autres ressorts.

De nombreuses décisions postérieures sont venues et viennent encore, chaque jour, modifier les chiffres fixés par ces ordonnances; le gouvernement conserve, en effet, le droit d'augmenter ou de réduire le nombre des charges selon les besoins ou l'intérêt du service.

14. — Incompatibilités. — Les fonctions d'avoué sont incompatibles avec :

1° Les fonctions de l'ordre judiciaire autres que celles de suppléant (L. 6-27 mars 1791, art. 1, 5, 27 et 28) ;

2° La profession d'avocat (Ordonn. 20 nov. 1822, art. 42) ;

3° Les fonctions de notaire (L. 25 ventôse, an XI, art. 7) ;

4° Celles d'huissier et de commissaire priseur (L. 18 thermidor an XI) ;

5° Celles de greffier (Décr. 7 et 11 mars 1793) ;

6° Celles de receveur des finances (Angers 8 décembre 1830), de conseiller de préfecture (avis du conseil d'Etat 5 août 1809), de commissaire de police (Décr. 1-8 juin 1792, art. 2), et généralement tous les emplois administratifs auxquels est attaché un traitement (2) ;

Mais elles ne le sont pas avec celles de juré, même lorsque l'avoué a occupé dans un procès civil contre l'accusé, car ce dernier a le droit de récuser tout membre du jury dont il suspecte l'impartialité (Cass. 2 av. 1829).

(1) Greffier : Des cessions d'offices, 4e édit., 1883, p. 62, n° 82, *in fine*.
(2) Voir, Massabiau, *Man. du Min. publ.*, 5e édit., revue par M. Mesnard, t. III, n° 5509.

15. — D'après l'ordonnance d'Orléans de 1560, le commerce était interdit aux procureurs ; les règlements des Chambres d'avoués ont maintenu cette défense. Mais il n'y a pas incompatibilité entre les fonctions d'avoué et celles de syndic, arbitre, expert ou liquidateur dans les affaires *commerciales* (Nancy, 29 janv. 1870 ; D. 70, 2,144 ; — Morin, *Discipl. des Cours et Trib.*, v° *Arbitrage* et *Expertise*).

16. — A la différence des notaires et des huissiers, ils peuvent exercer leur ministère pour toutes personnes, par exemple pour leurs femmes, leurs enfants, leurs parents, leurs alliés ou pour eux-mêmes (Rousseau et Laisney, *Dict. de proc. civ.*, v° *Avoué*, n° 57).

17. — **Résidence.** — Les avoués sont obligés de résider dans la ville où siège la Cour ou le Tribunal auquel ils sont attachés et ne peuvent postuler à la fois dans deux villes différentes (L. 20 mars 1791, art. 9 et 27 vent. an VIII art. 94 combinées).

18. — **Costume.** — Aux termes de l'art. 105 du décret du 30 mars 1808, ils doivent porter dans toutes leurs fonctions, soit à l'audience, soit au parquet, soit aux comparutions et aux séances particulières devant les juges-commissaires, le costume prescrit par l'art. 6 de l'arrêté du 2 nivose an XI, lequel consiste en une toge de laine noire fermée par devant, à manches larges, une toque, également en laine noire, bordée de velours, et une cravate blanche plissée, appelée rabat (Décis. 23 octobre 1812 ; — Massabiau, *Man. du min. pub.*, t. III, 4e édit., n° 5048 ; 5e édit n° 5809).

19. — **Rang.** — Ils prennent place au barreau à côté des avocats et peuvent rester assis, excepté quand ils s'adressent à la Cour ou au Tribunal, ou quand leur avocat lit des conclusions. Mais, à la différence de ces derniers, ils doivent rester découverts lorsqu'ils plaident (Rousseau et Laisney, *Dict. de pr. civ.*, v° *Avoué*, n° 102 ; — *Rép. encycl. du Dr. français*, v° *Avoué*, n° 1).

20. — **Pièces à produire.** — Si les transmissions d'offices sont uniquement soumises, lorsque l'intérêt des parties est seul en cause, aux règles de notre code civil, elles tombent, dès qu'un intérêt d'ordre public s'y rattache, sous le contrôle du gouvernement, non seulement en ce qui touche les aptitudes et les conditions personnelles ou professionnelles exigées du candidat, mais encore pour tout ce qui concerne les clauses du traité de cession (1). C'est pourquoi, même quand un candidat remplit les conditions que nous venons d'indiquer, il ne lui suffit pas d'acquérir un office à sa convenance (2). Il faut encore qu'il se fasse présenter à l'agrément de la Cour ou du Tribunal, ainsi qu'à celui du chef de l'Etat, et que, dans ce but, il dépose au parquet du Procureur de la République un véritable dossier (3), dont la composition varie suivant que la présentation est faite :

1° Par un titulaire encore en fonction (ch. II n°s 22 à 138) ;

2° Après le décès du titulaire (ch. III, n°s 139 à 163) ;

3° A la suite de sa destitution (ch. IV, n°s 164 à 171) ;

4° A la suite d'une maladie le frappant d'incapacité absolue (ch. V, n°s 172 à 187).

21. — Nous allons examiner successivement ces diverses hypothèses en ayant soin de faire suivre le tableau des pièces à fournir, dans chacun de ces cas, de tous les renseignements pratiques pouvant permettre au candidat de se les procurer ou de les établir facilement (4).

(1) Cass. 22 mai 1889 (S. 89. 1. 452). La transmission d'un office ne peut avoir lieu sous d'autres conditions que celles exprimées dans l'acte produit à la Chancellerie, de sorte que les conventions antérieures ou postérieures qui ont pour but de modifier les clauses, même simplement accessoires et d'exécution, du traité de cession sont nulles (Cass. 19 nov. 1884; S. 86. 1. 265 ; 5 août 1885, S. 86. 1. 268).

(2) La société pour l'exploitation d'un office d'avoué est radicalement nulle (Paris, 4 févr. 1854 ; D. 54. 2. 149). Voir à ce sujet les arrêts cités dans Dalloz 1853. 2. 207 et 209, ainsi que les observations qui les accompagnent. *Sic*: Rennes, 19 janv. 1881 (S. 81. 2. 181); Pau, 8 juin 1891 (S. 94. 2. 127).

(3) Ce dépôt est généralement précédé d'une visite au Procureur Général ou au Procureur de la République qui en profite pour demander divers renseignements, que les pièces ne comportent pas et dont il a besoin pour rédiger son rapport. Le postulant a donc intérêt à faire cette démarche dès qu'il a traité avec son cédant afin que, pendant qu'il achève de réunir son dossier, le Parquet puisse se renseigner sur sa *moralité*, sa *capacité*, et sa *solvabilité*. « Vous inviterez vos substituts, dit M. le Garde des Sceaux dans sa circulaire du 1er mars 1890 aux Procureurs généraux, à me faire parvenir sur tous ces points les renseignements les plus complets et les plus précis. L'investiture du Gouvernement, il faut que tous les candidats le sachent bien, n'est pas une vaine formalité. Le Gouvernement veut conserver, dans toute sa plénitude, le droit qu'il tient de la loi ; il n'entend d'ailleurs l'exercer que dans l'intérêt public ». Le candidat devra également se faire présenter ou se présenter lui-même au Premier Président ou au Président, ainsi qu'aux membres de la Cour ou du Tribunal dont il sollicite l'*admittatur*.

(4) ABRÉVIATIONS: *Circ.* signifie *Circulaire du ministre de la justice* ; *Déc.* ou *Déc. chanc.* signifie *Décision de la Chancellerie*. Lorsque le mot *Décis.* est suivi du nom *Gillet* n°..., cela indique que l'on trouve cette décision rapportée dans le recueil de MM. *Gillet et Demoly* intitulé: *Analyse des circulaires émanées du ministère de la justice*, au numéro indiqué. Ces décisions ne sont généralement pas contenues dans

CHAPITRE II

CESSION CONSENTIE PAR UN TITULAIRE EN FONCTION.

22. — C'est le cas le plus fréquent. On ne conteste plus, en effet, aujourd'hui, aux officiers ministériels la possibilité de céder leurs offices à titre onéreux ou gratuit. Ce droit, qui leur avait été implicitement accordé par l'art. 91 de la loi du 28 avril 1816, a été consacré par celle du 25 juin 1841 qui frappe d'un impôt de deux pour cent « tout traité ayant pour objet la transmission à titre onéreux ou gratuit..... d'un office... » Mais l'acquisition prend alors le nom de *cession* à cause du caractère *sui generis* de ce droit de propriété (1).

23. — Le dossier doit comprendre les pièces suivantes :

1° *Démission du titulaire et présentation du candidat* (n°s 24 à 27) ;
2° *Supplique* (n°s 28 et 29) ;
3° *Acte de naissance* (n°s 30 à 35) ;
4° *Casier judiciaire* (n°s 36 et 37) ;
5° *Certificat constatant la situation militaire* (n°s 38 à 41) ;
6° *Certificat de bonnes vie et mœurs* (n° 42 et 43) ;
7° *Certificat de jouissance des droits civils, civiques et politiques* (n°s 44 et 45);
8° *Certificat d'aptitude* (n°s 46 à 50);

le *Recueil officiel des circulaires du Min. de la justice*, où l'on trouvera les circulaires à leur date jusqu'en 1875; depuis 1876, elles sont publiées dans le *Bulletin officiel des circulaires du Min. de la justice*.

D. ou Dall. renvoie au *Recueil* de M. Dalloz; *S.* ou *Sir.* à celui de M. Sirey; P. au *Journal du Palais*; *Gaz. Pal.* au Recueil de la *Gazette du Palais*.

Quand nous citons un ouvrage, nous indiquons l'édition à laquelle se réfèrent toutes les citations ultérieures. Cependant une 5e édition, revue par M. Mesnard, du savant ouvrage de M. Massabiau (*Man. du Min. public*) ayant paru cette année (1904) nos renvois indiquent toujours avec soin l'édition à laquelle ils se rapportent.

(1) Les stipulations d'un traité de cession sont, en effet, essentiellement conditionnelles, car elles sont subordonnées aux modifications que l'autorité juge à propos d'y apporter et à l'acceptation de ces modifications par les parties contractantes. D'ailleurs, comme l'a fait fort bien remarquer le commissaire du gouvernement M, le Vavasseur de Précourt devant le Conseil d'Etat (aff. Desprez, 23 juin 1893; S. 95, 3, 57), la loi de 1816 n'a pas rétabli l'ancienne vénalité des offices, lesquels d'ailleurs, même sous l'ancien régime, n'étaient pas dans le commerce. Le gouvernement, comme jadis le pouvoir royal, a conservé la faculté de disposer du titre.

9° *Certificats de stage* (nos 51 à 65);
10° *Certificat de capacité et de moralité* (nos 66 à 71);
11° *Certificat de non parenté* (n° 72);
12° *Certificat d'admittatur* (nos 73 à 77);
13° *Traité de cession* (nos 78 à 122);
14° *Affirmation de la sincérité du prix* (nos 123 et 124);
15° *Relevé du rôle d'audience* (nos 125 à 127);
16° *Etat des produits* (nos 128 à 138).

Toutes ces pièces, que nous allons analyser successivement, doivent, à l'exception de celles qui figurent sous les nos 4 et 12, être remises par le candidat au Ministère public pour que ce dernier puisse provoquer *l'admittatur* du postulant. Chacune d'elles doit faire l'objet d'un acte séparé (Rousseau et Laisney, *Dict. de proc. civ.* v° *Avoué*, n° 44), et être sur timbre, sauf les exceptions que nous ferons connaître (L. 13 brumaire an VII, art. 12 et 23).

I. — Démission du titulaire et présentation du candidat.

24. — Elle doit être écrite sur papier timbré et distincte du traité (1). La signature du cédant doit être légalisée par le président du tribunal civil.

25. — Cette démission n'entraîne point dessaisissement de celui qui l'a donnée ; elle ne vaut qu'à partir de l'accomplissement de la condition sous laquelle elle est consentie, c'est-à-dire la nomination du successeur présenté. Tant que le décret n'a pas été rendu, le cédant peut la retirer, sauf aux tribunaux à apprécier la question de dommages-intérêts en cas de contestation entre les parties.

26. — Elle doit être pure et simple, sans autre condition expresse ou tacite. (*V. note de M.* Albert Wahl ; Sir. 1894, 2, 289).

27. — La démission et la présentation peuvent être contenues sur deux feuilles de timbre distinctes ; mais il est d'ordinaire usage de les réunir dans une seule et même formule ainsi conçue :

Le soussigné. . . . , avoué près le Tribunal de première instance de. . . (*ou* près la Cour d'appel de. . . . .) département de. . . . , déclare, par le présent acte, se démettre

(1) Circ. 4 avr. 1834. — Massabiau, *Man. du Min. public* 4e éd. (1876), n° 4945 ; 5e éd. (1904) n° 5594.

de ses fonctions, auxquelles il a été nommé par décret en date du. . . . ., et présenter, comme successeur, à l'agrément du dit Tribunal (*ou* de la Cour), ainsi qu'à celui de M. le Président de la République, M. . . . . (*nom, prénoms, profession et domicile*).

Fait à. . . . . . le. . . . . .

(*Signature légalisée*).

II. — Supplique.

28. — Elle doit être établie sur timbre et adressée au Président de la République par le postulant. La signature de celui-ci doit être légalisée par le maire de sa commune et celle du maire par le préfet ou sous-préfet de l'arrondissement (1). Cette pièce n'est astreinte à aucune forme spéciale et peut être conçue en ces termes :

Monsieur le Président de la République,

Le soussigné (*nom, prénoms, profession*) a l'honneur de vous prier de vouloir bien le nommer avoué près le Tribunal de première instance de. . . . (*ou* près la Cour d'appel de. . . .), département de. . . . ., en remplacement de M. . . . . , démissionnaire en sa faveur.

Il est, avec un profond respect,

Monsieur le Président de la République,

Votre très humble et dévoué serviteur,

(*Signature légalisée*).

29. — Elle peut également être adressée au Garde des Sceaux dans les termes suivants :

Monsieur le Garde des Sceaux,

Le soussigné (*nom, prénoms, profession*) a l'honneur de vous prier de vouloir bien proposer à M. le Président de la République sa nomination aux fonctions d'avoué près le tribunal de première

(1) La légalisation n'étant autre chose que l'attestation de l'identité et de la vérité des signatures apposées à un acte et de la qualité de ceux qui l'ont délivré ou signé, la personne investie du pouvoir de légaliser ne peut s'y refuser sous prétexte que l'acte contiendrait des faits faux et inexacts. Ce serait là un abus contre lequel on pourrait recourir à l'autorité supérieure. En un mot, celui qui est appelé à légaliser un acte n'a pas à s'inquiéter de son contenu, mais uniquement de la vérité et de la légalité de la signature. (Massabiau, t. III, 4e éd., n° 4960 ; 5e édit. n° 5623).

instance de. . . (*ou* près la Cour d'appel de......) en remplacement de M. . , démissionnaire en sa faveur.

Il est, avec respect,

Monsieur le Garde des Sceaux,

Votre très humble et obéissant serviteur.

(*Signature légalisée*).

III. — Acte de naissance du candidat.

30. — Cette pièce est également sur papier timbré. On peut la réclamer soit au maire du lieu de naissance (et dans ce cas elle doit être légalisée par le juge de paix du canton ou par le président du tribunal civil), soit au greffe du tribunal civil de l'arrondissement dans lequel est né le candidat; elle doit alors être légalisée par le président du dit tribunal (1).

31. — D'après une décision du 15 juillet 1841 (rapportée dans Greffier (2), p. 12), si l'acte de naissance ne peut être représenté, il doit y être suppléé par la production d'un jugement rendu dans les formes prescrites par l'art 99. C. civ. et inscrit sur les registres de l'état civil. Nous pensons, toutefois, que si un acte de notoriété avait déjà été établi en conformite des art. 71 et 72 C. civ., cette pièce pourrait être considérée comme suffisante.

32. — Le candidat doit avoir 25 ans révolus. L'art. 115 du décret du 6 juillet 1810, qui édicte cette prescription, a pour objet de régler les conditions d'admission des avoués près les Cours d'appel ; mais une circulaire du Garde des Sceaux du 20 decembre 1827 a étendu l'application de cette disposition aux avoués de première instance (3).

33. — Aucune dispense n'est accordée (Décis. min., 9 janv. 1837 ; 19 juin 1848.—Carré *Compét.*, t. I, n°s 61 et 153; Souquet, *Dict. des temps légaux* v° *Avoué* (4).

(1) Cet acte devient inutile quand le candidat a déjà exercé les fonctions d'avoué et produit une expédition du procès-verbal constatant sa prestation de serment (V. *infrà* n° 64).

(2) *Des cessions et suppressions d'offices*, par Eugène Greffier, conseiller à la Cour de cassation, 4° édition (1883).

(3) Décis. minis. 19 févr. 1834 et 9 janv. 1837. Massabiau, t. III, n°s 4947 et 5034 (4e édit.), 5796 (5e édit.). — Le Poittevin, *Dict. des Parquets*, 2° edit., v° *Avoués*, n° 2.

(4) Rousseau et Laisney ; *Dict. de proc. civ.* v° *Avoué*, n° 30. — La Chancellerie interdit même aux parquets de lui transmettre les deman-

34. — La Chancellerie exige que, dans toutes les pièces produites, les nom et prénoms du candidat soient orthographiés comme dans son acte de naissance et les prénoms inscrits dans le même ordre. La circulaire du 12 juillet 1893 rappelle, avec insistance, l'attention des parquets sur ce point. — Si donc, sur quelques-unes d'entre elles, il y avait des divergences à ce sujet, il faudrait soit les refaire, soit établir un acte de notoriété pour constater qu'elles s'appliquent bien au postulant.

35. — Lorsque ce dernier signe habituellement son nom autrement que celui-ci est orthographié dans les actes de l'état civil, il doit joindre à sa supplique l'engagement de le signer, à l'avenir, conformément à son acte de naissance, à moins qu'il ne préfère faire rectifier cet acte par un jugement. (Décis. min. 28 janv. 1843 et 2 févr. 1849) (1).

IV. — Casier judiciaire.

36. — Les dossiers des candidats qui aspirent aux fonctions d'officiers publics ou ministériels doivent renfermer un extrait du casier judiciaire des postulants. Il est indispensable, en effet, que le Gouvernement soit renseigné sur les antécédents de ceux qui sollicitent leur nomination à des fonctions publiques.

37. — « Cette condition était autrefois remplie, dit M. le Garde des Sceaux dans sa circulaire du 20 décembre 1899, par la production du bulletin délivré aux candidats sur leur demande. Il n'en est plus de même aujourd'hui : en vertu de la loi du 5 août 1899, l'extrait du casier, qui est désormais délivré aux particuliers sous la dénomination de bulletin n° 3, ne fait pas mention de certaines condamnations. Il est, dès lors, devenu inutile, puisqu'il ne dispense plus le Ministère public de faire procéder à la vérification du casier. Dans ces conditions, j'ai décidé que les postulants *n'auraient pas à produire le bulletin n° 3 extrait de leur casier*. Il appartiendra aux Procureurs de la République de compléter le dossier à

des de dispense qu'ils recevraient (Décis. 14 mars 1825; Gillet, n° 1891; — 12 novembre 1830; Gil. n° 2322; — 19 févr. 1834; Gil. n° 2512; — 25 avril 1834; Gil. n° 2524; — 19 juin 1848; Gil. n° 3262. — Massabiau, *Man. du Min. publ.*, 5e éd., n° 5796).

(1) Massabiau, t. III, 4e édit., n° 4947, 5e édit. n° 5595.

ce point de vue, en y joignant le bulletin n° 2 prévu par l'art. 4 de la loi susvisée » (1).

V. — Certificat constatant la situation militaire.

38. — Aux termes de l'art. 7 de la loi du 15 juillet 1889 sur le recrutement de l'armée, « nul n'est admis dans une administration de l'Etat, s'il ne justifie avoir satisfait aux obligations imposées par cette loi ». Il est donc indispensable que le candidat à un office ministériel, qui fait partie intégrante du service de la justice, justifie qu'il a régulièrement accompli son service militaire ou qu'il en a été exempté par le conseil de révision.

39. — Ce certificat doit être sur papier timbré ou revêtu d'un timbre mobile s'il est établi sur un imprimé. Pour les candidats qui ont accompli leur service militaire, il est délivré par le commandant du bureau de recrutement régional, duquel fait partie le canton dans lequel ils ont tiré au sort. Les candidats réformés doivent le réclamer à la préfecture ou à la sous-préfecture de l'arrondissement où s'est effectué leur tirage au sort. Aucune légalisation n'est nécessaire.

40. — Les anciens officiers ministériels n'ont pas à le fournir. (Circ. 1er mars 1890 ; V. *infra* nos 64 et 65).

41. — Sous le régime de la loi du 27 juillet 1872, cette pièce n'était exigée que jusqu'à 30 ans, mais actuellement cette limite doit naturellement, malgré le silence des instructions ministérielles sur ce point, être repoussée jusqu'à 45 ans, puisque ce n'est qu'à cet âge qu'un Français est libéré de ses obligations militaires.

(1) Cette modification s'imposait, mais n'en arrive-t-on pas ainsi à un résultat absolument opposé à celui que poursuivait le législateur de 1899 ? — Il a voulu qu'on ne puisse pas éternellement reprocher, à celui qui les avait commises, des fautes plus ou moins légères. Or, sous l'empire des anciens règlements, les candidats qui avaient obtenu leur réhabilitation produisaient un casier négatif et souvent leurs peccadilles de jeunesse restaient ignorées du Parquet et de la Chancellerie. Il n'en sera plus de même aujourd'hui, le bulletin n° 2 relatant même les condamnations effacées par la réhabilitation et les jugements prononcés contre des mineurs de 16 ans acquittés pour avoir agi sans discernement ; il est donc à souhaiter qu'une condamnation rachetée par une bonne conduite ultérieure, ne soit point considérée par la Chancellerie comme une cause d'exclusion absolue.

VI. — Certificat de bonnes vie et mœurs.

42. — Il est délivré, sur papier timbré, par le maire du domicile du candidat, ou par celui de sa résidence effective si son domicile est distinct de sa résidence réelle. La signature du maire doit être légalisée par le sous-prefet, ou par le préfet dans l'arrondissement du chef-lieu.

Il ne saurait y être suppléé par une simple apostille sur la supplique (Décis. chanc., 21 avr. 1824 ; 20 déc. 1837).

43. — Nous citerons à titre d'exemple la formule suivante :

Nous, maire de. . . . ., département de. . . . , certifions que M. . . . . (*nom, prénoms, profession*) a résidé à . . . ., du . . . . . . au . . . . . . et que, pendant cet intervalle de temps, aucun renseignement défavorable ne nous est parvenu sur son compte.

Nous attestons, en conséquence, que M . . . . . . est de bonnes vie et mœurs.

Fait à . . . . . ., le . . . . . .

Le Maire.

(*Cachet de la mairie.*) (*Signature légalisée*).

VII. — Certificat de jouissance des droits civils, civiques et politiques.

44. — Ce certificat, délivré par le maire du domicile électoral du candidat, dans les mêmes formes que le précédent, a pour but d'établir que le postulant est Français et se trouve en possession de tous ses droits. S'il était étranger, s'il avait perdu la qualité de Français, s'il était pourvu d'un conseil judiciaire ou interdit, s'il avait été frappé d'une condamnation entraînant la perte de tout ou partie de ses droits civils ou politiques, il ne pourrait être admis à exercer une fonction qui est une véritable délégation du pouvoir ou de l'autorité publique. (Décis. 20 décembre 1827; Gillet, n° 2130; — 12 août 1830; Gil. n° 2306.)

Ce certificat doit être distinct du précédent et délivré sur une autre feuille de timbre (Décis. chanc., 27 déc. 1848).

45. — Formule ordinaire :

Nous, maire de la commune (*ou* ville) de. . . . , département du . . . . . ., certifions à qui il appartiendra que M .

. . (*nom, prénoms, profession*), demeurant à . . . . . ., jouit de ses droits civils, civiques et politiques.

Fait à . . . . . , le . . . . . .

Le Maire,

(*Cachet de la mairie*).

(*Signature légalisée*).

VIII. — Certificat d'aptitude.

46. — Le ministère des avoués étant obligatoire, même lorsque les parties se défendent elles-mêmes, il était indispensable que la nomination de ces officiers ministériels fût entourée des plus sérieuses garanties de capacité et de moralité. C'est pourquoi le décret du 6 juillet 1810 (art. 115) exige non seulement que le postulant ait effectué un stage déterminé, dont nous parlerons dans le paragraphe suivant, mais encore qu'il ait suivi « le cours d'études prescrit par l'article 26 de la loi du 22 ventôse an XII, relative aux écoles de droit » lequel décide que « nul ne pourra, après le 1er vendémiaire an XVII, être reçu avoué près les tribunaux s'il n'a suivi le cours de législation criminelle et de procédure civile et criminelle, subi un examen devant les professeurs, et s'il n'en rapporte attestation visée d'un inspecteur général. »

47. — Cette attestation, appelée dans la pratique *certificat de capacité en droit*, peut être remplacée par le diplôme de bachelier en droit (1) et *a fortiori* par celui de licencié ou de docteur (Massabiau, t. III, 4e édit., no 5036, 5e édit., no 5797 ; — Le Poittevin, *Dict. des parquets*, 2e éd., vo *Avoué* no 3; — Rousseau et Laisney; *Dict. de proc. civ*, vo *Avoué* no 35).

48. — Il serait suffisant que le Procureur Général ou le Procureur de la République certifiât, dans son rapport, que le diplôme exigé par la loi lui a été représenté ; mais, dans la pratique, il en fait généralement établir une copie sur papier libre (2) qu'il joint au dossier après l'avoir *certifiée exacte*. — Faisons observer, en passant, qu'il ne peut se contenter d'une expédition certifiée par le candidat ; il doit se

(1) Cette solution n'a été admise qu'après quelque hésitation ; l'instruction du Garde des Sceaux du 30 août 1822 avait décidé le contraire parce que l'art. 26 de la loi du 22 ventôse an XII veut que l'aspirant justifie avoir suivi un cours de procédure criminelle, matière non comprise dans le programme du baccalauréat en droit.

(2) D'après M. Le Poittevin (*Dict. des Parq.* vo *Cession d'office*, no 17) elle doit être sur papier timbré.

faire représenter l'original et ne certifier la copie qu'après en avoir vérifié la sincérité et l'exactitude.

49. — Cette pièce devient inutile quand le postulant a déjà été avoué.

50. — A Paris, le diplôme de licencié en droit est exigé tant par la chambre des avoués de première instance que par celle des avoués de la Cour (1).

IX. — Certificats de stage.

51. — Ainsi que nous venons de le dire, aux termes de l'art. 115 du décret du 6 juillet 1810, nul ne peut « être nommé avoué près la Cour d'appel si, *indépendamment* du cours d'étude prescrit par l'art. 26 de la loi du 22 ventôse an XII, *il ne justifie de cinq années de cléricature chez un avoué* ». Cet article ne vise que les avoués d'appel, mais une circulaire du Garde des Sceaux du 20 décembre 1827 en a étendu l'application aux avoués de première instance.

52. — C'est donc, comme le fait fort justement remarquer M. Le Poittevin (2), six années d'études qu'exige la loi puisque le certificat de capacité ne peut être délivré qu'après un cours dont la durée est d'un an. Toutefois M. Greffier estime que ces études peuvent être poursuivies concurremment quand elles ont lieu dans la même ville (3), et M. le Garde des Sceaux a pensé que, pour se conformer au vœu du législateur, il y avait lieu de compter, à titre de stage, aux bacheliers ou licenciés en droit, l'année ou les deux années d'études employées pour obtenir un diplôme supérieur à celui de capacitaire en droit (Décis. 22 avril 1823 ; Gillet n° 1714 ; — 20 avril 1817 ; Gil. n° 2099 ; — 21 sept. 1833 ; Gill. n° 2490 ; 10 janv. 1838 ; Le Poittevin, *Dict. des Parq.* v° *avoué*, n° 3. — Circ. 20 décembre 1827 ; Greffier, *Des. cess. d'off.*, n° 27).

53. — Il résulte de ces décisions que la durée minimum du stage est réduite à 4 ans pour les bacheliers en droit, à 3 ans pour les licenciés et enfin à 2 années pour les docteurs. Telle est la jurisprudence suivie par la Chancellerie, qui, par contre, ne tient pas compte, en principe tout au moins, pour

(1) Labori, *Rép. encycl. du Dr. fr.*, v° *Avoué*, n° 2 ; Rousseau et Laisney, *Dict. de proc. civ.* v° *Avoué*, n° 35.
(2) Dict. des Parquets, 2e édit., v° *Avoué*, n° 3.
(3) Des cessions d'offices, 4e édit., n° 27, p. 29.

la durée du stage, du temps de cléricature passé dans une étude pendant que le postulant suivait les cours de l'école de Droit (Décis. 17 mars 1837 et 7 avril 1840).

54. — Cependant la chambre des avoués de Paris exige cinq années de cléricature, dont une en qualité de principal clerc (Labori, *Rép. encycl. du Dr. fr.*, v° *avoué*, n° 2 ; Rousseau et Laisney, *Dict. de proc. civ.* v° *avoué*, n° 36).

55. — Aucune dispense ne peut être accordée ; mais peu importe que le stage ait été accompli dans une étude d'avoué à la Cour ou dans celle d'un avoué de première instance (Décis. 21 mars 1844 ; Massabiau, *loc. cit.*, 4e éd. n° 5037 ; 5e éd. n° 5798). Toutefois la chambre des avoués de Paris exige une présence d'une année au moins dans une étude du même degré de juridiction (Délib. chambre des avoués, 21 mars 1841).

56. — On admet généralement aujourd'hui que le temps passé chez les avocats à la cour de cassation peut constituer un stage légal et régulier. L'arrêté, du 13 frimaire an IX leur donne, en effet, le titre d'avoués, et, en fait, les travaux auxquels on se livre dans leurs cabinets, sont aussi utiles et pratiques que ceux auxquels sont astreints les clercs d'avoués de première instance ou d'appel (*Sic :* Greffier *Des cessions d'off.*, 4e éd., n° 27). Toutefois la question est controversée (V. Labori, *Rép. ency. du Dr. fr.* V° *Avoué* n° 2 ; — Rousseau et Laisney, *Dict. de proc.* V° *Avoué* n° 36 ; — Massabiau *Man. du Min. pub.*, édit. Mesnard, n° 5798.)

57. — Le stage fait chez un notaire ne peut être admis en compensation. (Inst. min. 8 sept. 1827 et 25 mai 1860 ; — Rousseau et Laisney. *loc. cit.* n° 36 ; *Journ. des Avoués*, t. 106, p. 135). — Il en serait de même de celui qui aurait été effectué chez un greffier, un huissier ou un commissaire-priseur (1).

58. — Un avocat, même après dix années d'exercice, un magistrat, sont astreints au stage de trois ou deux ans suivant qu'ils sont licenciés ou docteurs en droit (Décis. 16 mars et 5 octobre 1830). Il en est de même d'un greffier de justice de paix (Décis. 3 janv. 1831 ; Gillet n° 2334).

(1) Massabiau *Man. du Min. pub.* 4e édit., n° 5037, 5e édit. n° 5788 ; Décis. du 23 janvier 1813, pour un stage accompli dans un greffe de première instance.

59. — En principe le stage doit être effectué sans interruption ; aussi, lorsque le candidat a été dans l'obligation de l'interrompre, il doit justifier de l'emploi de son temps pendant cet intervalle (Décis. 13 déc. 1824 ; 11 juin 1825), et, si l'interruption a été de quelque durée, il doit non seulement en faire connaître les causes, mais encore justifier qu'il n'est pas resté tout à fait étranger à la science du droit et à la pratique des affaires judiciaires. S'il en était autrement, il devrait, sauf bien entendu le cas de force majeure (maladie, service militaire, etc.), effectuer un stage non interrompu de deux, trois ou cinq années. (Greffier, *loc. cit.*, n° 27, p. 28).

60. — Les certificats doivent indiquer, *d'une manière précise,* les dates auxquelles le stage a commencé et fini ; il ne suffit donc pas qu'ils portent que le candidat a travaillé pendant tout le temps voulu par la loi. (Décis. 9 nov. 1822 ; 27 nov. 1835 ; Circ. P. G. Paris 2 juin 1859).

61. — Ces attestations sont délivrées sur timbre par les officiers ministériels chez lesquels le candidat a travaillé et dont la signature doit être légalisée par le président du tribunal, ou par le Premier Président s'il s'agit d'un avoué à la Cour. Elles peuvent être ainsi libellées :

Je soussigné. . . . , avoué près le tribunal de première instance de. . . , certifie que M. . . . , (*nom et prénoms*) a travaillé en mon étude en qualité de . . . . ., et que pendant ce temps (*Enoncer ici les renseignements sur l'exactitude au travail, les aptitudes aux affaires, l'intelligence et la moralité du clerc*).

62. — Quand la chambre de discipline tient un registre d'inscription pour les clercs, le postulant doit produire un extrait sur timbre de ce registre, signé du secrétaire de la chambre, et légalisé par le président du tribunal civil.

63. — Si l'officier ministériel chez lequel le candidat a travaillé est décédé, le certificat peut être délivré par le successeur, sous le contrôle du secrétaire ou du président de la chambre de discipline, ou par le président de la chambre de discipline après enquête (Circ. Proc. gén. Paris, 2 juin 1859. — Note ministérielle, avril-juin 1893, Bull. offic. 1893, p. 66).

64. — Quand le postulant a déjà exercé les fonctions d'avoué, une expédition du procès-verbal constatant sa prestation de serment, par suite d'une nomination précédente, (1) peut utilement remplacer l'acte de naissance, le certificat attestant qu'il a satisfait à la loi sur le recrutement ainsi que les certificats d'aptitude et de stage (Décis. 26 nov. 1841, Massabiau, *Manuel du min. publ.* T. III, 4e édit. n° 4962, 5e éd. n° 5624). Cette pièce, qui doit être sur timbre, est délivrée par le greffier compétent (2).

65. Il semble assez naturel que le candidat n'ait pas à faire la preuve qu'il n'est plus officier ministériel puisque la chancellerie a des moyens de contrôle certains à ce sujet, et que les parquets peuvent facilement se renseigner sur ce point. Cependant, dans la plupart des ressorts, on exige que, dans ce cas, le postulant produise soit une expédition du procès-verbal de la prestation de serment de son successeur, soit une attestation du greffier ou du président du Tribunal compétent, certifiant que son successeur a été installé dans ses fonctions. — Cette pièce doit être sur timbre, signature légalisée, sauf, bien entendu, celle du Président.

X. — Certificat de capacité et de moralité.

66. — Les avoués sont soumis à la surveillance de leur chambre de discipline, qui, tant pour l'honneur de la corporation qu'en raison des rapports obligatoires et constants de ses divers membres entr'eux, a le plus grand intérêt à leur bon recrutement. Il était donc naturel que le gouvernement prît son avis avant de procéder à une nomination ; aussi la loi du 13 frimaire an IX décide-t-elle, dans son art. 2 § 6, qu'entre autres attributions la chambre de discipline a celle « de délivrer tous certificats de moralité et de capacité aux candidats, lorsqu'elle en sera requise soit par le tribunal soit par les candidats que le tribunal présente à la nomination du Président de la République en remplacement des avoués morts ou démissionnaires ».

67. — Cette faculté laissée aux tribunaux de demander aux chambres de discipline leur avis sur les candidatures qui se

(1) Quand le procès-verbal de prestation de serment et d'installation ne reproduit pas le décret de nomination, certains parquets en exigent une copie.

(2) Mais lorsqu'un avoué, démissionnaire et remplacé, demande à être nommé de nouveau aux mêmes fonctions près le même siège, il faut qu'il produise la preuve écrite que son cessionnaire ne s'oppose pas à ce qu'il y occupe une nouvelle charge d'avoué. – Décis. min. 29 mai 1847. — Massabiau, t. III, 4e édit, n° 5043; 5e édit. n° 5803.

présentent est devenue une règle tellement absolue, dans la pratique, que tous les candidats, même les anciens avoués, sont obligés de produire l'agrément de la chambre de discipline des avoués du siège où ils aspirent à être nommés (Décis. 18 janv. 1840; Massabiau, *loc. cit.* 4e édit., no 5043 ; 5e édit. no 5803); aussi cette dernière ne peut-elle refuser ce certificat sans motiver sa délibération. Cependant si les faits sur lesquels elle base son refus intéressent des tiers ou sont de nature à porter atteinte à leur considération, elle peut s'en dispenser et se contenter d'en indiquer les motifs dans une lettre confidentielle adressée au Parquet. C'est ensuite au Tribunal ou à la Cour qu'il appartient d'apprécier le mérite de la décision.

68. — La chambre est obligée de prendre une délibération à ce sujet, quand elle y est invitée par le candidat. Elle commettrait un acte illégal et arbitraire en s'y refusant (1). Mais il n'entre point dans ses attributions de se prononcer sur la régularité des justifications produites ; elle doit seulement examiner si celui qui se présente devant elle offre, par sa moralité et sa capacité, des garanties suffisantes pour remplir les fonctions auxquelles il aspire, sauf à émettre son avis sur la légalité et la sincérité des pièces qui lui sont soumises et dont il appartient au Gouvernement seul d'apprécier le mérite (Déc. du 23 oct. 1827 ; Circ. 1er mars 1890).

69. — La loi n'indique point par quels moyens les chambres devront se rendre compte de la capacité des aspirants. Le plus naturel et le plus ordinairement employé est l'examen ; toutefois, comme il n'est pas obligatoire, nombre de compagnies ne font subir aux candidats qu'une épreuve de pure forme. On ne saurait trop faire remarquer combien cette indifférence est regrettable, car il est indispensable de s'assurer de la capacité de ceux qui aspirent à des fonctions aussi délicates, dans lesquelles on peut, par la moindre faute, exposer sa propre responsabilité ou la fortune de ses clients.

(1) « Quand la chambre refuse, sous de faux prétextes, de s'expliquer sur la moralité et la capacité d'un candidat, en trahissant la vérité touchant des faits qu'elle ne pouvait ignorer ou en s'immisçant dans l'examen de questions qu'elle n'était pas appelée à discuter, elle manque à ses devoirs ; le ministère public doit traduire devant le tribunal, en la chambre du conseil, les avoués, membres de cette chambre, qui ont pris part à la délibération, et requérir contre eux une injonction d'être plus circonspects à l'avenir, ou même leur suspension s'il y a eu mauvaise foi de leur part (Décis. 20 juillet 1819 et 16 oct. 1822) ». (Massabiau, *Man. du Min. pub.*, 4e édit., t. III, no 5042).

70. — L'expédition de la délibération accordant ou refusant ce certificat est délivrée sur timbre; elle doit être signée par le président et le secrétaire de la chambre dont les signatures sont légalisées par le président du Tribunal. Elle est fournie en un seul exemplaire; mais, dans certains ressorts, on en exige trois, un sur timbre pour le dossier de la Chancellerie, et deux sur papier libre, qui sont joints au dossier adressé au Parquet général et à celui qui reste classé au parquet de première instance.

71. — Quant à la forme de la délibération, elle varie suivant les compagnies; toutefois elle est assez généralement conçue en ces termes :

L'an mil neuf cent . . . . ., le . . .

La chambre de discipline (1) des avoués de l'arrondissement de. . . . . (*ou* de la Cour d'appel de. . . . .) s'est réunie, sur la convocation de son président, au lieu ordinaire de ses réunions, au Palais de Justice;

Présents : M. . . . . *président*,
M. . . . . *syndic*,
M. . . . . *rapporteur*,
M. . . . . *secrétaire-trésorier*,
Absent : M. . . . .

M. . . . . . . *syndic*, expose que M. . . . . . . candidat aux fonctions d'avoué près la Cour d'appel de. . . . (*ou* le Tribunal de. . . .), en remplacement de M. . . . ., démissionnaire, lui a adressé une demande à l'effet d'obtenir le certificat de moralité et de capacité prescrit par l'art. 2 § 6 de la loi du 13 frimaire an IX; qu'il lui a remis, dans ce but, un certain nombre de documents, lesquels sont à la disposition de la chambre et ont été communiqués au rapporteur chargé de prendre des renseignements sur le postulant;

Puis la chambre, après avoir pris connaissance des pièces déposées, et après avoir procédé à l'examen de M. . . .

(1) Il y a, pour tous les avoués de chaque Cour d'appel et de chaque Tribunal, une chambre de discipline prise dans leur sein, et nommée par eux. Elle est composée de quatre membres au moins, et de quinze au plus, d'après le nombre d'avoués attachés à la Cour ou au Tribunal; et, lorsqu'ils ne sont que quatre, ils sont tous, de droit, membres de la chambre (Arr. 13 frim. an IX, art. 1, 4 et 15). S'ils sont moins de quatre, il n'y a pas de chambre de discipline; c'est le tribunal qui en exerce les fonctions (Décr. 30 mars 1808, art. 102). (Massabiau, *Man. du Min. pub.*, t. III, 4e éd., n° 5067 et 5e édit., n° 5843).

Ouï le rapporteur et après en avoir délibéré,

Considérant que le dossier produit et les renseignements recueillis établissent que M. . . . a toujours mené une conduite exempte de tout reproche, qu'il jouit d'une excellente moralité et d'une parfaite honorabilité ;

Considérant que l'examen, auquel il a été soumis, démontre que M. . . . possède les capacités suffisantes pour remplir les fonctions d'avoué ;

Considérant que ledit M. . . ., licencié en droit, a travaillé successivement chez Me . . ., avoué à . . ., en qualité de 3e clerc du . . . . . au . . . , puis chez Me . . . avoué à . . . en qualité de premier clerc du . . . au . . .;

Qu'il résulte des certificats produits, corroborés par les renseignements recueillis par le rapporteur, qu'il a toujours fait preuve de beaucoup de zèle, de dévouement, de tact et d'intelligence dans l'accomplissement des travaux qui lui ont été confiés ;

Certifie, à l'unanimité, que M. . . . remplit les conditions de moralité, de bonne conduite et de capacité requises pour exercer les fonctions d'avoué qu'il sollicite ; lui délivre, en conséquence, le certificat de moralité et de capacité prescrit par l'article 2, § 6 de la loi du 13 frimaire an IX ;

Et ont les membres y ayant pris part signé la présente délibération les jour, mois et an que dessus. (*Indiquer les signatures.*)

Pour expédition délivrée conforme, le . . . .

Le Secrétaire, *Le président*,

(*Signatures légalisées* par le Président du Tribunal.)

XI. — Certificat de non-parenté.

72. — La loi n'a pas créé d'empêchement dérivant de la parenté, mais la Chancellerie refuse de nommer un postulant qui est uni par de proches liens de parenté ou d'alliance avec un des membres de la Cour ou du Tribunal près lequel il demande à être nommé avoué (Déc. 11 janv. 1819 ; 22 déc. 1822 ; 5 janv. 1825 ; 9 sept. 1834 ; 14 mars 1838 ; 29 mars 1845 ; 10 fév. 1848 ; 29 déc 1849 ; Massabiau, *Man. Min. publ.*, 4e éd., no 5044 ; édition Mesnard, no 5804 ; Rousseau et Laisney, *Dict. de proc. civ* vo *Avoués*, no 32 ; Circ. P. G. Paris, 2 juin 1859).

C'est pourquoi elle exige, sur ce point, une attestation délivrée par le Président du Tribunal (1), ou une déclaration écrite du candidat, certifiée exacte par ledit Président (2)

(1) Pour les avoués d'instance, et par le Premier Président pour les avoués d'appel.

(2) Ou Premier Président suivant le cas.

(Décis. 11 avril 1849, Gillet, n° 3330). — Toutefois, dans la pratique, cette pièce est généralement remplacée par une constatation négative insérée, à cet égard, dans le certificat d'*admittatur*, ou par les appréciations formulées par les magistrats qui l'ont rédigé sur les inconvénients que peuvent présenter les liens de parenté existants.

Ce certificat, fourni en un seul exemplaire, doit être sur papier timbré; la signature du Président (1) n'a pas besoin d'être légalisée.

XII. — Certificat d'admittatur.

73. — Ainsi que nous l'avons déjà dit, les avoués sont nommés par le chef de l'Etat sur la présentation de la Cour ou du Tribunal près lequel ils doivent exercer leurs fonctions (art. 95, L. 27 ventôse an VIII). L'*admittatur* est donc une pièce indispensable, et, lorsqu'il est refusé, le Garde des Sceaux ne saurait proposer le candidat à l'agrément du Président de la République (Décis. 13 sept. 1853).

74. — Pour l'obtenir le postulant doit remettre au procureur de la République de l'arrondissement (2), à l'exception des pièces 4 et 12, toutes celles que nous avons énumérées sous le n° 23; celui-ci, après avoir pris des renseignements sur le candidat, sa fortune, sa moralité, sa capacité, son intelligence, ses opinions politiques, prévient le Président (3), qui réunit le Tribunal (4) en assemblée générale, en la chambre du conseil. Le Ministère public explique le but de la convocation, communique les renseignements qu'il a recueillis et les pièces produites par le postulant; le Tribunal (5) examine si ce dernier présente des garanties suffisantes de capacité et de moralité, puis délibère sur la demande du candidat et accorde ou refuse son agrément par une décision régulière dont minute est conservée.

75. — « Souvent, dit M. Greffier, il est invité par le Procureur de la République (6) à donner son avis sur le traité de

(1) Et, *a fortiori*, celle du Premier Président.

(2) Ou au Procureur Général s'il s'agit d'une office d'avoué près la Cour d'appel. — Quelquefois le candidat sollicite son *admittatur* par une demande distincte portant sa signature légalisée administrativement et sur timbre; mais cette pièce est superflue, le tribunal se trouvant saisi implicitement par la supplique tendant à nomination.

(3) *Ou* le Premier Président.

(4) *Ou* la Cour.

(5) *Ou* la Cour.

(6) *Ou* par le Procureur Général.

cession, sur les clauses qu'il renferme, et plus particulièrement sur le prix. Quand la cession a lieu à l'amiable entre les parties intéressées, le Tribunal (1) n'a point régulièrement à s'occuper du traité, son rôle se borne à s'assurer si le candidat satisfait aux conditions imposées par la loi. Quant au traité, c'est au gouvernement seul qu'il appartient, éclairé qu'il doit être par son représentant, d'en admettre ou d'en rejeter la stipulation. Il est bien certain pourtant que l'avis du tribunal (2) peut souvent être utilement exprimé, et nous ne voyons aucun inconvénient à ce que les magistrats soient appelés à s'expliquer sur ce point. Mais, en principe, la délibération ne doit avoir d'autre objet que la délivrance de l'*admittatur.* »

76. — Dans la pratique, pour éviter la production de la pièce dont il est parlé dans la section précédente (nº 72), la Cour ou le Tribunal y ajoute l'attestation que le postulant n'est parent ou allié d'aucun de ses membres ni des juges de paix de l'arrondissement, s'il s'agit d'un avoué d'instance. En cas d'existence d'un lien de parenté ou d'alliance, la délibération *doit* s'expliquer sur les conséquences de ce fait.

77. — Une expédition de cette délibération, sur timbre, est jointe au dossier destiné à la Chancellerie (Décis. 8 mars 1833 et 21 août 1841). Elle est délivrée, aux frais du postulant, dans la forme ordinaire, par le greffier du Tribunal (3) dont la signature doit être légalisée par le Président (4).

Dans certains ressorts on en exige une seconde, sur papier libre, pour le dossier de la Cour. Le parquet de première instance n'en a pas besoin puisque la minute reste, au greffe, à sa disposition.

XIII. — Traité de cession.

78. — Le traité de cession est un des documents les plus importants du dossier. Il peut être fait par acte notarié ou sous seing privé ; mais il est indispensable qu'il soit constaté *par écrit* et *enregistré* avant d'être produit à l'appui de la présentation du successeur désigné (art. 6, loi de finances du 25 juin 1841) ; — mention de cet enregistrement doit être faite sur les exemplaires remis au procureur de la République (Décis. 22 juin 1841 ; — Circ. Chanc. 28 juillet 1849).

(1) *Ou* la Cour.
(2) *Ou* de la Cour.
(3) *Ou* de la Cour.
(4) *Ou* par le Premier Président.

79. — La cession ne peut porter que sur l'office, ses produits et ses accessoires ; c'est au Gouvernement seul qu'il appartient de conférer le *titre* (Décis. Chanc. 28 juin 1849 ; — 12 sept. 1850, Gillet, nº 3435). Mais, comme la vente, elle fait naître des obligations à la charge du cédant et du cessionnaire.

80. — Le cédant, comme le vendeur, est tenu de délivrer la chose qu'il cède. Or le traité de cession ayant pour objet l'exercice du droit de présentation et la cession de la clientèle, la délivrance doit porter sur ces deux points.

81. — En ce qui concerne le second, l'obligation de délivrer consiste dans la remise des répertoires, registres, dossiers et papiers relatifs à la clientèle (1). Le cédant qui s'y refuserait serait passible de dommages-intérêts (2). Mais il ne faut pas comprendre parmi ces pièces celles qui, d'après les usages admis, sont considérées comme lui étant personnelles (3).

(1) Sans distinction entre ceux des affaires terminées et ceux des affaires en cours. Ces documents sont, en effet, nécessaires au nouveau titulaire de l'office pour remplir les devoirs de sa charge et peuvent lui être utiles pour entrer en relation avec sa nouvelle clientèle (Orléans, 27 juillet 1877 ; D. 79. 2. 79, et 13 févr. 1891 ; D. 92. 2. 93 ; — Lyon, 9 août 1884 ; S. 85. 2. 200 ; — *Journal des Avoués* 1885, p. 360 ; — Douai 10 fév. 1896 ; S. 97. 2. 268 ; — Caen, 8 mars 1899 ; S. 1900, 2. 230 ; — Cass. 13 juillet 1885 ; S. 86. 1. 205). Pour que le cédant puisse garder provisoirement les dossiers relatifs aux affaires non soldées, il faut qu'une stipulation du traité lui en réserve le droit. (Dalloz, *Rép.*, Supp. vº *Office.* nºs 33, et 37). Il a même été décidé que, dans ce cas, le cédant n'est pas autorisé à les conserver indéfiniment, ces dossiers restant la propriété de l'étude, et que, par suite, ce dernier peut être condamné à les rendre au cessionnaire dans un délai fixé par le juge (Rouen 4 févr. 1870 ; S. 70. 2. 329 ; P. 70. 1194).

(2) Considérant, dit un arrêt de la Cour de Bourges du 14 mai 1850, qu'en principe, l'huissier cessionnaire d'une étude doit, aussitôt son serment prêté, obtenir de son prédécesseur tous les dossiers, répertoires et actes que ce dernier avait entre les mains ; que Creuzet, après la réception de son successeur, a indûment enlevé la presque totalité des dossiers de l'étude ; qu'en cela, ainsi que l'ont déclaré les les premiers juges, il a causé un tort à Sibra ; que ce tort a été apprécié par les premiers juges, d'après la connaisssance particulière qu'ils avaient sur les faits et la conduite de Creuzet, et que la Cour, n'ayant aucun motif d'étendre ou de restreindre leur appréciation, ne peut que la confirmer, en adoptant leurs motifs de décider ; — Dit bien jugé, mal appelé... : — donne, au surplus, acte à Sibra de ce qu'il s'oblige à remettre à Creuzet les quittances et décharges qui pourraient se trouver dans les dossiers à lui remis, et qui ne pourraient avoir d'utilité que pour ce dernier. (D. 1854, 2, 80. — *Sic* : Cass. 3 janv. 1881 ; S. 81, 1, 255 ; D. 81. 1. 155 ; — Lyon, 11 nov. 1881 ; D. 82, 2, 237 et 9 août 1884 ; S, 85. 2. 200 ; — Rouen, 16 avr. 1890 et Orléans, 13 févr. 1891 ; S. 92. 2. 241 ; — Cass. 5 févr. 1892, Rec. de Rouen 1892, 2. 169).

(3) Cass. 3 janv. 1881, déjà cité ; — Orléans, 21 juillet 1893. (Gaz. Pal. 93. 2. 446).

82. — Quant à l'exercice du droit de présentation, l'obligation de délivrer consiste dans la remise au cessionnaire des pièces lui permettant de solliciter sa nomination, c'est-à-dire la démission du titulaire, la présentation du candidat, l'état des produits et le relevé du rôle d'audience.

83. — *Quid*, si le cédant refuse de les remettre? — On a soutenu que, dans ce cas, un jugement pourrait en tenir lieu; mais cette opinion n'est pas admise par la Chancellerie qui refuse d'accueillir les demandes de nomination non accompagnées de la démission librement consentie du titulaire de l'office (Décis. 5 mai 1834, S. 35. 2. 574; D. 36. 3. 65), et de nombreux arrêts ont décidé qu'il s'agissait là d'une obligation de faire résoluble, en cas d'inexécution, seulement en des dommages-intérêts (1).

84. — Le cessionnaire doit, de son côté, remplir, dans le plus bref délai possible, les formalités nécessaires pour obtenir sa nomination. S'il s'y refusait ou y apportait une lenteur préjudiciable aux intérêts du cédant, celui-ci pourrait lui demander des dommages-intérêts (2), mais il ne saurait obtenir des tribunaux un jugement prononçant la validité de la cession et condamnant le cessionnaire à payer son prix, car la cession n'est parfaite que lorsque l'approbation du gouvernement a été obtenue; jusque-là le traité reste conditionnel.

85. — Pour éviter que, sous l'apparence d'une acquisition accessoire, on ne déguise un supplément de prix, la Chancellerie ne tolère dans le traité de cession que la vente des livres et du mobilier de l'étude, à la condition toutefois qu'*un prix spécial soit stipulé pour l'office* et un autre pour le mobilier (Décis. 11 avr. 1842). Aucune autre convention étrangère, telle que l'achat ou la location de la maison habitée par le cédant, ne peut y être insérée.

86. — Il faut joindre au dossier *trois exemplaires du traité de cession* (3), un sur timbre et deux copies sur papier

(1) Voir les nombreux arrêts en ce sens cités dans le *Répertoire encyclopédique du Droit Français* au mot *Office*, n° 97.

(2) La cour de Riom a même décidé que la clause pénale par laquelle les parties ont fixé d'avance les dommages-intérêts qui seront dus en cas d'inexécution d'une promesse de cession d'office est valable. Arrêt du 9 juillet 1892 (Gaz. Pal. 93, 1. 66. 2e partie; Sir. 94. 2. 289), et la note de M. Albert Wahl dans le Recueil de Sirey.

(3) Deux seulement quand il s'agit d'un office d'avoué près la Cour d'appel, un sur timbre et un sur papier libre.

libre. Le premier est transmis à la Chancellerie, le deuxième au Parquet général et le troisième reste classé dans les archives du Parquet de première instance. Si le traité est fait par acte public, l'expédition délivrée par le notaire, ainsi que les copies, sont légalisées par le président du Tribunal. Lorsqu'il a lieu par acte sous seing privé, la signature du cédant est légalisée par le Premier Président pour les avoués d'appel et par le Président du Tribunal pour les avoués de première instance, celle du cessionnaire par le maire et le sous-préfet.

87. — Que la cession soit faite par acte authentique ou sous seing privé, la formule peut, quant au fond, être identique. Il suffit qu'elle soit rédigée avec précision et clarté et qu'on ait soin de ne point y insérer des conventions inutiles ou équivoques de nature à laisser naître des difficultés d'interprétation ultérieure.

§ I. — *Formule de Traité.*

88. — Entre les soussignés (*noms, prénoms, âges, professions et domiciles des parties contractantes*),

A été convenu ce qui suit :

M. X... cède à M. Y..., qui accepte, l'office d'avoué près la Cour (*ou* le Tribunal) de . . . , département de . . . , dont il a été pourvu par décret en date du . . . .

Il s'oblige à remettre immédiatement sa démission à M. Y... et à le présenter comme son successeur à l'agrément de la Cour (*ou* du Tribunal) ainsi qu'à celui du chef de l'Etat (1).

De son côté M. Y..., s'engage à remplir, dans le plus bref délai, toutes les formalités nécessaires pour obtenir sa nomination.

Cette cession est consentie moyennant le prix de . . . . . francs, que M. Y... s'engage à payer au domicile de M. X... savoir : . . . . francs le jour de sa prestation de serment et

(1) Cette clause, ainsi que la suivante, peuvent être considérées comme superflues, de même que celle par laquelle on stipule que *le cessionnaire entrera en possession de l'office aussitôt après la prestation de serment* ; cependant nous avons cru utile d'insérer les deux premières pour que, en cas de mauvais vouloir de part ou d'autre, le quantum des dommages-intérêts pût être plus facilement établi par les tribunaux, l'intention des parties de donner une suite immédiate et rapide au traité n'étant pas même discutable en présence des termes du contrat dont nous donnons le modèle.

après l'accomplissement de cette formalité ; le surplus dans un délai de . . . . ans, par fractions de . . . . francs payables annuellement à compter du jour de la prestation de serment.

A partir de cette même date, et jusqu'au paiement intégral du prix convenu, ce qui en restera dû produira des intérêts, au taux de . . . . pour cent par an, payables en même temps et au même lieu que les annuités ci-dessus stipulées. Toutefois M. Y.... cessionnaire, se réserve la faculté de se libérer par anticipation du solde de son prix à la seule condition de prévenir M. X... cédant, au moins trois mois à l'avance par lettre recommandée.

Aussitôt après la prestation de serment de M. Y..., M. X... lui remettra les dossiers et répertoires de l'étude (1) ainsi que toutes les pièces, papiers et renseignements concernant les affaires commencées. Il en sera dressé un état sommaire au bas duquel le cessionnaire en donnera décharge au cédant (2).

M, X... se réserve ses recouvrements (3).

Si, contre toute attente, M. Y... n'était pas admis aux fonctions d'avoué en remplacement de M. X..., le présent traité serait résolu de plein droit sans indemnité de part ni d'autre (4).

(1) Cette stipulation peut encore paraître superflue, puisque l'obligation à laquelle elle se réfère découle de la cession elle-même et que les parties contractantes ne peuvent s'y soustraire (V. n° 81). Cependant, en matière de cession d'office d'avoué, elle n'est pas inutile, car, dans beaucoup de régions, on considère les dossiers des affaires terminées comme des pièces personnelles au cédant, que celui-ci conserve, et l'usage s'est établi de ne transmettre au cessionnaire que les dossiers des affaires en cours.

(2) La nécessité de dresser un état sommaire des pièces remises, ainsi que l'a prescrit l'art. 58 de la loi du 25 ventôse an XI pour les notaires, n'est pas à démontrer. Cela évite les recours de responsabilité qui se soulèvent si souvent entre les différents titulaires d'une étude, quand on leur réclame une pièce égarée ; le cédant soutient l'avoir remise au cessionnaire et ce dernier prétend ne l'avoir point reçue.

(3) Cette clause, que nous n'avons mentionnée qu'à titre d'indication, peut être supprimée et nous conseillons de le faire, car elle est sous-entendue lorsque le traité est muet sur ce point. Quant, au contraire, le cédant cède ses recouvrements au cessionnaire, voir ce que nous disons à ce sujet sous le n° 95.

(4) Le Gouvernement peut refuser son agrément soit parce que le candidat ne remplit pas les conditions d'aptitude exigées par la loi, soit parce que le prix de cession est trop élevé ou que le traité contient des clauses prohibées. Dans ces deux derniers cas, si les parties refusent d'accepter les modifications demandées, le traité se trouve anéanti, et il ne saurait y avoir lieu à une action en dommages-intérêts, le contrat étant leur œuvre commune, — sauf, bien entendu, si la modification exigée n'était pas de nature à apporter de changement appréciable dans les droits stipulés et était refusée, de mauvaise foi, par un seul des contractants. Si le cessionnaire se voit refusé par le Gouvernement pour défaut d'idonéité, il peut être condamné à des dommages-intérêts en

Dans le prix de. . ., stipulé pour la présente cession, sont compris pour une somme de. . ., la partie du mobilier de l'étude que M. X... cède à M. Y..., la bibliothèque et les livres de droit, ainsi que le tout est décrit et estimé (1) dans l'état détaillé ci-après.

Les frais de la présente cession seront supportés par M. Y...

Fait en triple exemplaire (2), à. . . . le. . . .

Signatures.

Etat descriptif et estimatif des objets mobiliers compris dans la présente cession :

(*Enumération des objets*).

(*Signatures des parties. — Légalisations*).

89. — Quand le traité est établi par acte notarié, la formule peut, sauf le préambule, être identique à la précédente. Si une hypothèque est affectée à la garantie du paiement du prix de cession, il suffit de l'ajouter.

§ 2. — *Observations.*

90. — Le traité de cession ne doit contenir, non seulement aucune stipulation de prix exagéré, mais encore aucune clause « contraire aux lois, à la prérogative du gouvernement, au libre exercice de la fonction, dangereuse pour les tiers ou inutile » (3). Le Garde des Sceaux a, sur ce point, un pouvoir d'appréciation des plus larges et il lui est loisible d'accroître ou de restreindre à son gré le nombre des clauses qu'il refuse d'admettre, sans que sa décision implique que ces dernières soient contraires aux lois et ne puissent être déclarées légales par les tribunaux. C'est pourquoi nous allons essayer d'énumérer, aussi complètement que possible, les *clauses prohibées* par la Chancellerie en indiquant les

cas de faute de sa part. (V. *Répert. Encyclop. du Droit Français* V°, *Office* n°s 88 à 94) Lors donc que l'on peut craindre un refus de la Chancellerie, la clause ci-dessus rapportée n'est pas sans utilité pour éviter toute éventualité de procès ultérieur.

(1) *Si le traité est passé par acte notarié :* dans un état détaillé qui restera annexé aux présentes.

(2) Un exemplaire pour chacune des parties et un destiné au dossier. Ces trois exemplaires doivent être faits sur papier timbré ; on en établit, en outre, deux copies sur papier libre, pour joindre au dossier ainsi que nous l'avons dit ci-dessus (n° 86). L'exemplaire destiné à la Chancellerie doit être certifié par le Procureur de la République et, s'il s'agit d'un avoué à la Cour, par le Procureur Général (Décis. 31 octobre 1828 ; Greffier, *loc. cit.*, n° 49).

(3) Perriquet, *Offices ministériels*, p. 308, n° 344.

décisions qui s'y réfèrent, décisions sur lesquelles il lui est loisible de revenir, bien que les raisons qui les ont motivées soient généralement de nature à en assurer le maintien.

91. – Le cédant doit éviter avec soin de se servir, dans la rédaction du traité, des expressions *vend* et *vente* qui ne sont pas admises par la Chancellerie (Décis. 15 mai 1872 ; — Circ. Chanc. 1er mars 1890).

92. — Bien que les parties contractantes puissent insérer dans leur traité une affectation hypothécaire, un cautionnement ou toute autre garantie conventionnelle, elles ne peuvent stipuler une réserve de privilège (1), ce qui est inutile, puisque le privilège ne peut-être créé que par la loi (2), ni une promesse d'hypothèque, cette stipulation étant de nature à occasionner des difficultés entre les parties (Circ. 1er mars 1890).

93. — Si deux avoués, appartenant à des Cours ou des Tribunaux différents, désirent échanger leurs offices respectifs, il faut, d'après la jurisprudence de la Chancellerie, deux traités de cession distincts. Il en serait de même si un avoué échangeait son étude contre un greffe, ou tout autre office ministériel (Décis. 7 déc. 1840 ; 25 avril 1862 ; 20 févr, 1864 ; Amiaud, *loc. cit.*, n° 42 ; Massabiau, Man. du Min. pub. t. III, 4e éd. 1876, n° 4902 ; 5e éd. 1904, n° 5624 ; — Paris 11 nov, 1839 (S. 39, 2, 485 ; D. 40, 2, 37) — Mais les deux dossiers de présentation peuvent être formés et adressés en même temps au Garde des Sceaux (*Greffier, loc. cit.*, n° 52).

94. — Aucune cession d'office ne peut avoir lieu par contrat de mariage, car les stipulations de cet acte sont irrévocables et la Chancellerie, qui désire conserver son droit de contrôle sur les traités de cession, ne veut pas se trouver

(1) V. *Des offices de notaire*, par Albert Amiaud, sous-chef à la direction des affaires civiles du minist. de la justice, 1886, p. 27, n° 40. — E. Greffier, *loc. cit.*, n° 107. — Circ. 1er mars 1890.

(2) Le vendeur non payé d'un office peut réclamer sur le prix de revente de cet office, encore dû, le privilège établi par l'art. 2102 n° 4 du code civil au profit du vendeur d'effets mobiliers (V. Dall., 1853. 1. 183, note 1 et les renvois. — Bordeaux, 10 févr 1891 ; S. 92. 2 121 ; — Amiens, 2 févr., 1892 ; S. 93. 2. 7). Mais ce privilège sur le prix de revente immédiate ne frappe pas les autres reventes successives (Paris 28 janvier 1854, D. 1854. 2. 148), et se trouve anéanti en cas de révocation, car la destitution d'un titulaire le dépouille *ipso facto* de sa propriété (Voir Dalloz, les arrêts cités aux vol. 1853, 2. 325, avec les renvois, et 1854, 2. 11, note 4).

entravée par la crainte de rompre un mariage ou de porter atteinte à la validité d'un acte aussi important (1). C'est pour le même motif qu'elle refuse toute cession faite sous forme de donation (2), l'irrévocabilité de ce contrat étant incompatible avec le caractère conditionnel du traité de cession toujours soumis au contrôle de l'administration (Décis. 26 juillet 1857, 10 août 1841 ; Gillet n° 2874 ; — 26 juill. 1851, Gillet, n° 3505 ; — Circ. 1er mars 1890 ; Sir. 90, 1, 797). — La cession à titre gratuit doit donc être faite par simple traité dans lequel on estime le prix de la charge afin de permettre la perception des droits d'enregistrement (Décis. 22 nov. 1828, 8 juillet 1835). — L'office donné reste la propriété du cédant tant qu'une présentation suivie de nomination ne l'a pas fait passer sur la tête du cessionnaire (Cass. 11 nov. 1857, P. 58,305. D. 57,1,417. — Aix, 31 mars 1859 ; P. 60,749).

95. — Les recouvrements peuvent être réservés par le cédant, ou compris dans la cession (3). Dans ce dernier cas, ils doivent être déterminés à l'avance d'une manière irrévocable et « garantis au cessionnaire » (Déc. 11 mai 1842, Gillet, n° 2916 ; — Circ. 1er mars 1890). — D'autre part, la circulaire du 28 juin 1849 recommande de ne jamais souffrir que, pour faciliter leur rentrée ou pour toute autre cause, le cédant se réserve la faculté de s'immiscer dans la gestion de son successeur ou de compulser ses registres (4), car, du jour où ce dernier a prêté serment, le cédant devient un tiers abso-

(1) *Voir répert. Encycl. du Droit Français v° Office, n°s 153 à 160.*

(2) *Voir Ibidem, n°s 129 à 139,*

(3) *Sic*, Cassation 20 avril 1858 (S. 59. 1. 33 ; D. 58, 1, 197) ; 17 oct. 1888 (Revue du Not. et de l'Enregist. n° 7973). — Pendant longtemps la Chancellerie a exigé que le candidat à un office traitât à la fois de l'office et des recouvrements de son prédécesseur. Mais la circulaire du 3 novembre 1848 a reconnu, en ce qui concerne le notariat, qu'il y avait des inconvénients à imposer l'acquisition forcée des recouvrements, qui sont la propriété privée du notaire démissionnaire et rentrent, sous ce rapport, dans la classe des intérêts sur lesquels il peut intervenir des transactions volontaires. La circulaire du 28 juin 1849 a, par son paragraphe 6, étendu cette décision à tous les offices ministériels, et elle a décidé que le titulaire doit avoir l'option de céder ses recouvrements à son successeur ou de se les réserver. En fait, il est assez rare aujourd'hui qu'un cessionnaire se rende acquéreur des recouvrements de son prédécesseur ; le cèdant se les réserve presque toujours. C'est du reste, ce qui a lieu quand le traité est muet sur ce point (*Sic* : Cass. 20 avril 1858, cité ci-dessus.)

(4) Mais il est évident, cependant, que lorsque le cédant s'est réservé ses recouvrements, il peut, sans qu'il soit besoin d'une convention spéciale, demander communication des registres qu'il a laissés au cédant et les consulter sans déplacement, au siège de l'office (Orléans, 27 juin 1877 ; D. 79. 2. 79; S. 79. 2. 47 ; Lyon 11 nov. 1881 ; D. 82. 2, 237 ; 9 août 1884 ; S. 85. 2. 200 ; Rouen 30 mai 1894 ; S. 92. 2. 174).

lument étranger à l'étude (Décis. 18 octobre 1849 ; Lettre G. des Sc. à P. G. Limoges, 29 déc. 1883.) Aussi la Chancellerie prohibe-t-elle la stipulation par laquelle le cédant se réserve le recouvrement des affaires commencées et non terminées au jour de la prestation de serment de son successeur (Lettre G. des Sc. à P. G. Bourges du 3 juin 1896; cession Parmentier, à Cosne).

96. — Sont également prohibées:

1° La clause par laquelle le cédant s'interdit de céder tout ou partie de ses recouvrements à d'autres personnes qu'au cessionnaire (Déc. 27 déc. 1888).

2° Celle par laquelle le cessionnaire s'engage à faire gratuitement toutes les procédures que le cédant aura à diriger contre ses divers débiteurs, car cela constituerait pour l'ancien titulaire une sorte de continuation d'exercice déguisée (Décis. 26 févr. 1840; — Greffier, *loc. cit.*, n° 30).

3° La stipulation qui reconnaît au cessionnaire le droit de disposer de l'office comme d'une chose lui appartenant en pleine propriété.

4° Celle qui décide qu'en cas de nouvelle cession le cessionnaire ne pourra rien toucher sur le prix sans que, préalablement, le cédant ait été désintéressé (Déc. 29 janv. 1839, 14 août 1840, 18 oct. 1849, 29 nov. 1866 (1).

5° La clause par laquelle le cessionnaire s'interdit le droit de céder son office avant le paiement intégral de son prix (Lettre Chanc. 7 juillet 1837 ; Gillet, n° 2671).

6° Celle qui impose au cessionnaire l'obligation, en cas de de mariage, de rapporter l'engagement solidaire de sa femme (Circ. 1er mars 1890 ; — Déc. 21 août 1869) ou de payer une somme déterminée, à valoir sur le prix de l'office, sans préjudice des paiements qu'il doit effectuer à cette époque d'après les termes du traité (Déc. 17 déc. 1888).

7° Les conventions par lesquelles le cessionnaire s'engage, s'il réalise un bénéfice en cédant lui-même l'office, à partager cette plus-value avec son prédécesseur (Déc. 6 avril 1840), à lui allouer une certaine somme pour les soins qu'il continuera à donner à l'étude (Déc. 20 mars 1847 ; Gillet, n° 3194), ou à partager avec lui tout ou partie des honoraires (Décis. 13 juin 1835 ; Gillet, n° 2571).

8° La clause par laquelle le cédant garantit le cessionnaire

(1) « Cette stipulation, dit M. Greffier (*loc. cit.*, n° 108), affecte la liberté du titulaire dans la jouissance et la propriété de sa charge, et, jusqu'à un certain point, elle gêne l'action du Gouvernement lui-même. N'est-ce pas d'ailleurs une délégation déguisée (*Sic* : Faure). » — Voir cependant *infra*, n° 106 § 6 et la note.

contre tous troubles, dettes, privilèges ou autres empêchements quelconques (Déc. 1er août 1849 ; Gillet, n° 3359).

9° Celle par laquelle le cédant s'oblige à faire tout ce qui dépendra de lui pour conserver la clientèle de l'étude (Circ. 1er mars 1890). — Toutefois la Chancellerie a admis la clause suivante : « M. V... s'oblige à présenter immédiatement M. P... comme son successeur à la Chambre des Notaires et *à ses clients.* » (Traité du 11 mars 1899) (1).

§ 3. — *Entrée en jouissance.*

97. — Le droit d'exercer les fonctions d'avoué ressortant tout entier de l'investiture accordée par le gouvernement, l'entrée en jouissance ne peut avoir lieu avant la signature du décret de nomination : il faut, en outre, que le cessionnaire ait prêté le serment professionnel, car ce n'est qu'à partir de ce moment qu'il est définitivement investi. L'accomplissement de cette formalité est une condition essentielle, à défaut de laquelle la nomination et le traité sont considérés comme non avenus.

98. — Lors donc que, après avoir été régulièrement nommé, il ne s'est pas fait installer en prêtant serment, le successeur désigné ne peut céder l'office acquis (Déc. 8 juillet 1835 ; Dall. 36. 3. 76 ; — 28 fév. 1847, — 15 sept. 1871), et son traité de cession se trouve annulé (2). L'annulation a lieu sans indemnité si c'est par la mort du cessionnaire que la condition n'a pu s'accomplir, car c'est là un cas de force

(1) Bien que cette clause ait été signalée par M. le P. G. de Bourges dans son rapport du 3 mai 1899, M. P... a été nommé notaire à Pougues, par décret du 6 mai suivant, sans observation. — Il ne faut pas oublier toutefois que le cessionnaire d'un office a droit, même quand il n'y a aucune stipulation dans le traité à cet égard, aux bons procédés de son cédant pour lui transmettre, autant qu'il dépend de ce dernier, la confiance de la clientèle de l'étude et lui faciliter l'exercice utile et honorable de sa profession. (Cour de Bourges 30 nov. 1853 ; Dall. 1854. 2. 80 et 81). — Il a même été décidé que le cédant qui a occasionné un amoindrissement considérable de l'office cédé par les procès vexatoires et téméraires intentés aux clients de l'étude, en procédant à ses recouvrements, commet une faute génératrice de dommages-intérêts envers le cessionnaire (Cass. 11 juin 1890 ; S. 92. 1, 449). Est également passible de dommages-intérêts, le cédant qui détourne diverses affaires sur lesquelles son cessionnaire devait légitimement compter (Rouen, 16 avr. 1890 ; S. 92, 2, 241).

(2) Il en serait *a fortiori* de même si le cessionnaire n'avait pas été agréé par le Gouvernement ; il faut, en effet, que la personne qui cède, ou au nom de laquelle on exerce le droit de présentation ait été nommée titulaire de son office, que le *titre* lui ait été conféré par décret. (Lettre G. des Sc. 1er mai 1832 ; D. 33. 3. 76. — Riom, 10 févr. 1845 ; S. 45. 2. 668 ; D. 45. 2. 190).

majeure. Si c'est, au contraire, par suite de sa mauvaise volonté ou de sa négligence, une question de dommages-intérêts reste à débattre entre lui et le cédant. L'office demeure, en effet, la propriété de ce dernier, auquel incombe le soin de chercher un nouveau candidat.

99. — De ces principes découlent les conséquences suivantes :

On ne peut stipuler dans le traité de cession :

1° Que le cessionnaire sera propriétaire de l'office du jour du traité et pourra en disposer à son gré à partir de cette époque (Déc. 7 déc. 1840), ou qu'il aura le droit de le revendre s'il n'est pas agréé par le Gouvernement (Décis. 22 déc. 1834).

2° Que l'entrée en jouissance aura lieu avant la prestation de serment, ou que le cessionnaire participera à la gestion de l'étude avant cette époque et touchera tout ou partie des honoraires (Décis. 10 juill. 1830) (1).

3° Que le traité sera résolu de plein droit, en cas de non-paiement du prix (Décis. 7 juin 1837 ; Gillet, n° 2670).

4° Que la charge cédée retournera au cédant en cas de décès ou de destitution du cessionnaire, car un avoué est institué à vie ; il ne peut être dépossédé que par démission ou destitution, et, dans ce dernier cas, il est déchu du droit de présentation (Décis 13 juin 1835 ; Gillet, n° 2571 ; — Circ. 1er mars 1890) (2).

§ 4. — *Détermination du prix.*

100. — Le prix de cession doit toujours être en rapport avec les revenus de la charge ; il doit, en outre, être modéré et justifié par des produits réguliers, constants, largement rémunérateurs. « S'il en était autrement, disent les instructions du 1er mars 1890, le nouveau titulaire, après le prélèvement de l'intérêt du capital engagé par lui, ne trouverait dans le reste de ses émoluments qu'une ressource insuffisante pour lui permettre d'exercer honorablement sa profession. »

(1) Le contrat de gérance d'un office ministériel est nul. (Aix 4 déc. 1840, P. 1842. 2. 55 ; Grenoble 11 déc. 1891, S. 94. 2. 289 et note de M. Albert Wahl).

(2) Le cédant ne peut pas davantage se réserver le droit de racheter son office (Rolland de Villargues, *Dict. du not.* v. *Office*, n° 130 ; — Durand, *Des offic. considérés au point de vue des transactions privées*, n° 263 ; — Perriquet, *Tr. théor. et prat. de la propriété et de la transmission des offices min.*, n° 419). — V. cependant, en sens contraire, une note de M. Albert Wahl, sous un arrêt de Grenoble, rapporté dans Sir. 1894. 2. 289.

101. — Une circulaire de 1817 n'avait admis pour les greffes, comme prix de cession, « que le montant du cautionnement ou la somme des produits d'une ou deux années au plus », ajoutant que « pour les autres offices on pourrait prendre une base un peu plus large ». Mais ces prescriptions, acceptées en apparence, ne furent, en réalité, suivies par personne, et la Chancellerie ne tarda pas à fixer pour tous les offices un prix uniforme de dix fois le revenu moyen pendant les cinq dernières années. On reconnut bientôt qu'il était impossible d'adopter une base unique, invariable, et que la valeur vénale d'une charge diffère suivant sa nature, le lieu de son établissement, l'importance de ses produits, la situation morale du titulaire cédant comparée à celle de l'acquéreur; on laissa donc aux magistrats du parquet le soin de rechercher, pour chaque cession, les circonstances de fait et de droit de nature à permettre d'évaluer, avec justesse et en parfaite connaissance de cause, le prix moyennant lequel elle pouvait avoir lieu. Enfin on en est arrivé aujourd'hui à fixer un taux minimum pour chaque catégorie d'offices.

102. — Aux termes de la circulaire du 4 décembre 1890, ce taux doit, pour les offices d'avoué, être supérieur à *vingt pour cent net* du capital engagé, c'est-à-dire qu'il faut que, déduction faite des charges annuelles de l'étude (1), le revenu moyen des cinq dernières années soit supérieur au cinquième du prix de cession, — ou, en d'autres termes, que le prix de cession soit inférieur à cinq fois la moyenne des produits de l'étude pendant les cinq dernières années.

103. — C'est là le prix *maximum* toléré par la Chancellerie pour la valeur de l'office ; mais, dans la pratique, la cession a souvent lieu moyennant une somme inférieure, surtout pour les petites études. D'ailleurs, comme le fait remarquer la circulaire du 1er mars 1890, relative aux notaires, mais étendue par celle du 4 décembre suivant à tous les offices ministériels, « ce taux ne saurait lier l'administration d'une façon absolue, et il est évident que cette base ne pourrait être acceptée, ni pour les offices de grande importance, ni pour les études d'un produit minime; dans ces deux cas, le taux doit être plus élevé. Il doit en être presque toujours de même lorsque l'office est cédé avec un bénéfice notable ; que l'élévation du produit normal résulte de l'activité trop peu scrupuleuse du cédant ou, au contraire, des qualités exceptionnelles qu'il a su déployer, elle tient presque toujours à des

(1) Patente, frais de clercs, frais de bureau, loyer des locaux de l'étude (Massabiau, 5e édit, t. III, nos 5559 et 5561).

causes personnelles dont on ne saurait faire abstraction sans injustice et sans danger pour le cessionnaire. On doit donc s'efforcer de faire comprendre aux cédants que les offices ne sont pas une marchandise commerciale, encore moins un objet de spéculation dont la hausse doive entrer dans leurs combinaisons, mais une fonction publique dont la rétribution consiste essentiellement dans les produits annuels de l'exercice. C'est d'ailleurs trop souvent pour avoir acheté trop cher leur office et n'avoir pu le payer avec les produits ordinaires que des titulaires se sont livrés ensuite à des spéculations hasardeuses et illicites qui ont abouti à des catastrophes (1). »

§ 5. — *Nature et paiement du prix.*

104. — Le prix stipulé doit être *fixe* et *ferme* au moment de la cession, sans jamais dépendre d'éventualités ultérieures (2). Il doit consister en une somme d'argent payable à des époques déterminées et toujours *après la prestation de serment*, ou productive d'intérêts, à un taux qui ne peut excéder 5 0/0, seulement *à partir de cette date*, car c'est cette formalité qui investit définitivement le titulaire (V. *suprà*, nos 97 et 98).

105. — En conséquence un office ne peut être cédé moyennant :

1° Une rente viagère (Décis. 6 déc. 1839), même quand elle est stipulée insaisissable (Décis. 7 nov. 1843), car une pareille convention donnerait un droit de suite sur la charge et aurait l'inconvénient grave de laisser le prix incertain (Circ. minist. 1er mars 1890) ;

(1) « Je suis plus que jamais résolu, ajoute M. le Garde des Sceaux, à prévenir ce danger et je m'opposerai énergiquement à l'exagération des prix, comme aussi je tiendrai la main à la répression de toute contre-lettre qui aurait pour objet de majorer les chiffres approuvés par mon Département. Ces dissimulations sont des infractions graves aux devoirs des officiers publics et excitent une juste défiance contre les candidats qui, au début de leur carrière, cherchent à tromper les magistrats et l'autorité supérieure. En cachant l'exagération des engagements, elles rendent inutiles les précautions que la Chancellerie ne cesse de prendre et de recommander pour éviter à des jeunes gens, souvent sans expérience, de contracter des obligations trop onéreuses et de s'exposer à des déceptions, bientôt suivies de la ruine et de ses tristes conséquences ».

(2) Caen, 12 mars 1851 (S. 51. 2. 717) ; Douai, 13 août 1874 (S. 74.2.68) ; Circ. 1er mars 1890. — Pourvu que cette condition soit remplie, les parties peuvent employer les moyens qu'elles préfèrent pour arriver à la fixation du prix. Ainsi, cette détermination peut être confiée à des arbitres, mais ils devront rendre leur décision avant la présentation du candidat et l'acte établissant le montant du prix devra être joint au traité de cession (Greffier, n° 97). — V. *Rép. Enc. du Droit Fr.* v° *Avoué*, n° 39.

2° La dation en paiement d'un immeuble, le Gouvernement n'ayant pas la possibilité de se rendre compte, d'une façon certaine, de la valeur de l'immeuble (Greffier n° 98) ;

3° L'échange avec un autre office ; il faut qu'il intervienne deux traités distincts enregistrés séparément (V. *suprà*, n°s 93) ;

4° Une somme à payer dans l'année du mariage du cessionnaire (Lettre G. des Sc. à P. G. Rouen, 17 mai 1879) ;

5° Une somme payable en tout ou en partie avant la prestation de serment du cessionnaire (Décis. 27 mai 1830 ; Gillet, n° 2294 ; — 15 févr. 1834, 13 janv. 1841 ; Gillet, n° 2836 ; — 8 févr. 1854; Cass. 8 mars 1887 ; S. 87. 1. 383); ou même le jour de la prestation de serment. Il faut stipuler, dans ce dernier cas, que le paiement aura lieu le jour et *après* la prestation de serment (Instr. à P. G. Rouen, avr. 1872 ; — Décis. 29 déc. 1883). Il en est de même de toute stipulation qui a pour objet de transmettre la propriété d'un office avant la prestation de serment du cessionnaire.

106. — Sont encore prohibés :

1° La clause faisant courir les intérêts du prix à partir d'une époque antérieure à la prestation de serment, car c'est cette formalité qui détermine la date de l'entrée en jouissance (Circ. 18 juillet 1840 ; 15 juillet et 28 octobre 1841 ; 1er mars 1890. — (V. *suprà* n° 97).

2° La stipulation par laquelle le cédant délègue son prix à un tiers pour la totalité ou une quote-part (Décis. 25 avril 1846 ; Gillet, n° 3148). « Le Gouvernement ne peut, par l'admission d'une semblable clause, sanctionner les droits de quelques-uns, alors qu'il ignore ceux de tous. Il ne veut voir dans un traité que deux parties : le cédant et le cessionnaire, et veille à ce que le prix reste libre de toute entrave entre les mains du cessionnaire jusqu'au moment de sa prestation de serment (6 août 1835, 4 janvier 1842, 11 janvier 1842, *Faure*, 19 déc. 1836 et 28 juin 1848) (1) ». Il en est ainsi même si la délégation est faite au profit d'un précédent vendeur (Décis. 2 avril 1841 ; Circ. 1er mars 1890). Cependant on autorise la délégation d'une partie du prix pour payer une indemnité

(1) E. Greffier, *loc. cit.* n° 105 ; Circ. 1er mars 1890. — Néanmoins, il est admis, en jurisprudence, que le titulaire d'un office peut, dès que le traité est signé et avant même l'approbation du Gouvernement, en céder le prix, l'approbation rétroagissant *si elle intervient*, au jour de la cession (Nimes, 30 nov. 1898 ; S. 1900, 2, 33). Voir dans le même sens : Riom 9 juin 1897 sous Cass. (Moing) S. 99, 1, 465 ; Bourges, 18 nov. 1890 ; S 92, 2, 241 ; Blois, 28 juillet 1886, sous Orléans 5 mars 1887 ; S. 88, 2, 189.

mise à la charge du cédant lors de la suppression d'un office de la même circonscription (1).

3° La mention de paiement exclusivement en espèces d'or ou d'argent (Circ. 1er mars 1890).

4° Le règlement du prix au moyen de billets à ordre, ce mode de paiement pouvant donner lieu à des fraudes et à des inconvénients graves (Décis. 30 août 1828 ; — 15 avr. 1830; Gillet, n° 2289 ; — 16 févr. 1838 ; Gillet, n° 2694 ; — Circ. 1er mars 1890).

5° La stipulation par laquelle le cessionnaire s'engage à transférer au cédant, en garantie du paiement du prix, la police d'une assurance sur sa propre vie contractée par lui. (Décis. 12 déc. 1867, rapportée par Amiand. *Man. pratique de la transmission des off. de notaire*, 2° édit. n° 45). Mais la Cour d'Orléans a reconnu la validité d'une pareille convention (21 juillet 1893 ; S. 93. 2. 237).

6° La convention que le prix deviendra immédiatement exigible lors du décès ou de la cessation de fonction du cessionnaire ou de la mort de la caution (Lettre à P. G. Rouen, 10 août 1876 et à P. G. Bourges du 26 août 1895) (2).

7° Toute stipulation de compensation avec des sommes dues au cessionnaire, car le Gouvernement ne peut tolérer aucune clause de nature à porter préjudice aux créanciers (Circ. 1er mars 1890 ; Cass., 5 août 1885 (3).

8° La mention *payé comptant*, puisqu'elle indique un paiement fait au moment même du traité, c'est-à-dire avant la

(1) *Ibid.*

(2) La clause qui a fait l'objet de cette dernière lettre était ainsi conçue : « En cas de cession de l'office avant le complet désintéressement du cédant, la somme qui pourrait alors rester due deviendrait immédiatement exigible, nonobstant les délais accordés. » (Cession Marlot-Germain). — Mais la Chancellerie a, au contraire, admis la stipulation suivante sur laquelle son attention avait été attirée par M. le P. G. de Bourges, dans son rapport, du 3 mai 1899 : « Si M. P... venait à décéder ou à cesser ses fonctions de notaire avant l'échéance des termes fixés pour le paiement, la somme restant due à ce moment-là deviendrait exigible *aussitôt après la prestation de serment* de son successeur. » M. P... a été nommé notaire à Pougues par décret du 6 mai 1899 sans observation. — Voir suprà n° 96 § 4 et la note, ainsi que le n° 106, 2°. — Après la prestation de serment de son successeur, en effet, l'ex-titulaire devient un simple particulier des intérêts duquel le Gouvernement n'a plus à se préoccuper.

(3) Que la compensation s'opère de plein droit au moment où les deux sommes seront également exigibles, la loi le décide ainsi et il faut l'admettre, mais comme le prix de l'étude ne sera exigible au plus tôt qu'après la prestation de serment, le Gouvernement, en rejetant la clause de compensation, laisse aux créanciers les moyens de sauvegarder leurs intérêts par toutes les mesures conservatoires reconnues par la loi. Il empêche par là que les parties ne fassent à l'avance des contrats qui pourraient n'être, en réalité, qu'un moyen de priver les créanciers de leur seul gage. (Greffier, *loc. cit.*, n° 106.)

nomination et l'installation (Circ. 17 août 1832, 10 janvier 1840, 27 févr 1874. 1er mars 1890).

9° La convention par laquelle les parties stipulent qu'il sera fait remise de tout ou partie du prix soit dans le cas où l'office viendrait à être supprimé, soit dans celui, où, par suite de tarifs nouveaux ou de toute autre cause, les produits diminueraient dans une proportion déterminée. (Décis. 12 juillet, 18 et 30 décembre 1848; Perriquet *Offic. min.* p. 311; Greffier *Des cess. d'offi.*, 1883, n° 111).

107. — Lorsque la cession est faite *à titre gratuit*, l'on doit quand même insérer dans le traité l'estimation de la valeur de l'office donné (Décis. 22 nov. 1828, 8 juillet 1835. Voir *suprà* n° 94).

§ 6. — *Exécution du traité.*

108. — Il est interdit de stipuler que les difficultés qui surgiront à l'occasion de l'exécution du traité seront soumises à l'arbitrage d'un tiers. Cette clause pourrait, en effet, avoir pour conséquence de soustraire à la juridiction des tribunaux ordinaires la connaissance de dissimulations par contre-lettres ou de toute autre fraude dont les Parquets ont le plus grand intérêt à se rendre compte pour apprécier sainement le degré de confiance qu'ils doivent accorder aux officiers ministériels placés sous leur surveillance (1).

109. — Le cédant ne peut pas davantage réserver à son profit une action résolutoire en cas d'inexécution des conventions ou de tout autre événement imprévu ; car, une fois investi de ses fonctions, l'avoué est revêtu d'un caractère public que sa démission ou sa révocation peuvent seules lui enlever (2).

110. — Il en est de même d'une convention de rétrocession (Déc. 21 avril 1829 ; Greffier, n° 120 ; Circ. 1er mars 1890 ; — Caen 30 mars 1849 ; S. 49. 2. 701 ; P. 1850. 1.395) (3).

(1) Cass. 12 janv. 1841 (S. 41. 1. 22 ; D. 41. 1. 70) ; 30 juillet 1850 (S. 50. 1.577 ; D. 50. 1.316).

(2) Lorsque le cessionnaire a été nommé et a prêté serment, il ne peut plus obtenir, par l'action pour vices rédhibitoires, qu'une réduction de prix, car l'acte par lequel le gouvernement lui confère le titre d'officier ministériel ne peut pas être annulé (Bourges 27 janv. 1843 ; S. 42. 2. 501 ; D. 43. 2. 188). Mais tant qu'il n'a pas été nommé, il conserve le choix entre une demande en réduction de prix ou une action en résolution du traité (Perriquet, *Offic. min.*, p. 335, n° 377).

(3) *Contra* : Perriquet, *loc. cit.*, n° 261 ; Albert Wahl, dans une note sous un arrêt de Grenoble rapporté dans Sir. 1894, 2. 289. La Chancellerie l'avait, d'ailleurs, jadis autorisée (Décis. 14 juillet 1836, citée par Durand. *Des offic. considérés au point de vue des transactions privées*, n° 269).

111. — Est également prohibée la stipulation d'un dédit pour le cas de non exécution des conventions contenues dans le traité de cession (Lett. G. d. Sc. à P. G. Bourges, 25 sept. 1897, cession d'un office d'huissier à Moulins-Engilbert (1).

§ 7. — *Traité rectificatif.*

112. — Le ministère public n'a pas le droit d'obliger les parties à modifier leurs conventions. « Je crois devoir vous rappeler, dit M. le Garde des Sceaux à M. le Procureur général de Rouen dans une lettre en date du 16 avril 1875, que, dans les affaires de cette nature, il m'appartient de décider s'il y a lieu d'imposer aux parties une réduction, et que vous devez me transmettre le traité de cession, tel qu'il est intervenu entre elles, en vous bornant à y joindre vos observations et votre avis (2). »

Toutefois le Parquet a qualité pour leur présenter les observations que lui suggère la lecture du traité et les inviter soit à en modifier les clauses, soit à diminuer le prix, si ce dernier lui paraît trop élevé. Une circulaire du 4 décembre 1890 lui prescrit même de leur faire observer que, dans le cas où la Chancellerie serait de son avis, les modifications demandées entraîneraient pour les contractants des retards préjudiciables à leurs intérêts. Mais, s'ils persistent dans leurs conventions, le parquet doit transmettre les pièces en se bornant à signaler au Garde des Sceaux les clauses dont la suppression lui semble nécessaire, ou la réduction qui lui paraît utile.

113. — Quand une réduction est imposée, par la Chancellerie, sur le prix de cession, elle doit toujours être imputée sur les derniers termes d'exigibilité (Circ. 12 juillet 1893).

114. — Formule de traité rectificatif :

Entre les soussignés (*noms*, *prénoms*, *professions et domiciles*),

A été convenu ce qui suit :

La valeur de l'office d'avoué près la Cour d'appel de.... (*ou* le tribunal de) . . . . . ., dont M. . . . est titulaire, ayant

(1) Voir toutefois, n° 84, en note, un arrêt de Riom du 9 juillet 1892 ; mais il s'agissait dans l'espèce de l'inexécution d'une *promesse* de cession et non des clauses d'un traité de cession.

(2) Mais si les parties se refusaient à faire les rectifications exigées par la Chancellerie, il ne serait pas donné de suite à la présentation, et le traité se trouverait anéanti par le non-accomplissement de la condition à laquelle son existence était subordonnée. (V. Répert. encycl. du Droit Français, v° Office, n°s 88 à 94. — Dalloz, Rép. suppl. v° Office, n° 44. — *Suprà* : n° 88, note *in fine*).

été fixée, par décision de M. le Garde des Sceaux, à la somme de. . . . ., les parties soussignées déclarent accepter la modification qui leur est demandée. Le prix de. . . . . porté au traité intervenu entre elles le. . . . ., enregistré à . . . . ., le. . . . ., reste donc définitivement fixé à. . . . ., payable ainsi qu'il avait été originairement arrêté, la réduction devant s'opérer sur les derniers termes stipulés pour le paiement. Toutes les autres dispositions du traité, non contraires à la présente stipulation, conservent leur plein et entier effet.

Fait en triple exemplaire, à. . . . ., le. . . . .

115. — Si la rectification ne porte que sur des clauses accessoires, on peut ainsi libeller le traité rectificatif :

Entre les soussignés, etc...

Il est expressément convenu que le traité intervenu entre eux le. . . . ., enregistré à. . . . ., le. . . . ., par lequel M... cède à M... l'office d'avoué dont il est titulaire, conserve son plein et entier effet dans toutes ses dispositions, sauf en ce que les. . . . . francs stipulés payables le jour de la prestation de serment ne seront payés qu'après cette prestation (*ou* que le lendemain de cette prestation).

Fait en triple exemplaire, à. . . . ., le. . . .

116. — Le traité rectificatif peut être fait par acte authentique ou sous seing privé ; il doit être enregistré avant d'être produit au ministère public, auquel on est obligé d'en remettre trois exemplaires, un sur timbre et deux sur papier libre, signatures légalisées d'après les principes que nous avons indiqués pour le traité originaire. Du reste, toutes les règles que nous venons d'exposer pour le traité principal lui sont applicables (1).

§ 8. — *Enregistrement.*

117. — Le traité doit être enregistré avant d'être déposé au parquet. Les droits sont perçus selon les bases et quotités déterminées par les art. 7, 8 et 9 de la loi du 25 juin 1841, ainsi conçus :

Art. 7. — Pour les transmissions à titre onéreux, le droit d'enregistrement sera de 2 0/0 du prix exprimé dans l'acte de cession et du capital des charges qui pourront ajouter au prix.

(1) Le second exemplaire sur papier libre devient inutile lorsqu'il s'agit d'un office d'avoué de cour d'appel.

Art. 8. — Si la transmission de l'office et des objets en dépendant s'opère par suite de disposition gratuite entre vifs ou à cause de mort, les droits établis pour les donations de biens meubles par les lois existantes seront perçus sur l'acte ou écrit constatant la libéralité, d'après une évaluation en capital. Dans aucun cas, le droit ne pourra être au-dessous de 2 0/0.

Art. 9. — La perception aura lieu conformément à l'art. 7, lorsque l'office transmis par décès passera à l'un des héritiers ; lorsqu'il passera à l'héritier unique du titulaire, le droit de 2 0/0 sera perçu d'après une déclaration estimative de la valeur de l'office et des objets en dépendant. Cette déclaration sera faite au bureau de l'enregistrement de la résidence du titulaire décédé. La quittance du receveur devra être jointe à l'appui de la demande de nomination du successeur. Le droit acquitté sur cette déclaration ou sur le traité fait entre les cohéritiers sera imputé, jusqu'à due concurrence, sur celui que les héritiers auront à payer, lors de la déclaration de succession, sur la valeur estimative de l'office, d'après les quotités fixées, pour les biens meubles, par les lois en vigueur.

118. — Ce droit a été augmenté, par les lois du 23 août 187 et du 30 décembre 1873, de deux décimes et demi par franc ce qui le porte à 2 fr. 50 0/0.

119. — Il ne faut pas oublier toutefois qu'aux termes d l'art. 10 le total du droit à percevoir ne peut, dans aucu cas, être inférieur au dixième du cautionnement attaché à l fonction où à l'emploi (1).

La Chancellerie veille avec soin à l'application de ce cet article, que les receveurs de l'Enregistrement perden quelquefois de vue, et refuse d'accepter les traités qui n portent pas mention d'une perception suffisante (Lettre Chanc. à P. G. Bourges des 17 décembre 1895 et 25 juill 1898).

120. — Le traité rectificatif doit également être enregistr mais il n'est passible que d'un droit fixe de 3 fr. 75 quand ne contient pas d'augmentation du prix stipulé.

121. — Lorsqu'une réduction est imposée, les droits perçu sur l'excédent sont remboursés à l'intéressé au vu de la déc sion de la Chancellerie ou d'un certificat du Parquet relata

(1) Se reporter, pour connaître quel est le montant du cautionneme *supra*, n° 9.

cette décision (Loi du 25 juin 1841, art. 14). Il en est de même quand le traité n'est point suivi d'effet ; mais la demande en restitution doit être faite, conformément à l'art. 61 de la loi du 22 frimaire an VII, dans le délai de deux ans à compter du jour de l'enregistrement (Instr. de la direct. génér. de l'Enregistr. du 12 déc. 1893).

122. — En cas de dissimulation de prix, il est perçu sur la somme non déclarée le double du droit dû, et les parties contractantes en sont solidairement responsables.

XIV. — Affirmation de la sincérité du prix.

123. — Cette attestation (1) prescrite par les circulaires des 1er mars et 4 décembre 1890 doit être renouvelée après tout traité rectificatif : il faut qu'elle soit sur timbre, signée par les contractants (dont la signature sera légalisée suivant les règles que nous avons déjà indiquées) et visée suivant les cas, par le Procureur Général ou le Procureur de la République.

Elle *doit* être conforme au modèle suivant donné par la circulaire du 1er mars 1890 :

Nous soussignés...

Affirmons et certifions que toutes les conventions contenues dans notre traité de cession d'office du... sont l'expression exacte de la vérité ; que nous n'avons fait aucune contre-lettre ni aucune convention accessoire qui modifie, directement ou indirectement, le prix porté dans ce traité, et qu'aucune somme n'a été ni ne doit être payée en sus du prix stipulé.

En foi de quoi, nous avons signé.

Fait à... le...

Signature du cédant. (légalisée) *Signature du cessionnaire.* (légalisée)

Vu au Parquet de...

Le Procureur de la République,

(1) « Si vous découvrez qu'un officier ministériel s'est prêté à une dissimulation, dit la circulaire de M. le Garde des Sceaux du 1er mars 1890, qui ne fait que reproduire sur ce point celle du 11 mai 1884, vous ne devez pas hésiter à provoquer sa destitution, sans préjudice des autres mesures que comporteront les circonstances. Je considère, en effet, comme mes prédécesseurs, que la destitution est justifiée par la gravité de cette infraction aux devoirs professionnels, dont la persistance compromet à la fois la discipline et le mode de transmission des offices ».

124. — Toutes les conventions intervenues entre les parties pour la transmission d'un office doivent être soumises à l'agrément du Gouvernement ; celles qui ont été tenues secrètes sont entachées d'une nullité radicale (Cass. 18 mars 1895 ; S. 96. 1. 11).

XV. — Relevé du rôle d'audience.

125. — Cette pièce dressée et certifiée, suivant les cas, par le greffier de la Cour ou celui du Tribunal (signature légalisée) doit être établie en double ou triple exemplaire, dont un sur timbre, selon qu'il s'agit de la cession d'un office de Cour d'appel ou de première instance.

126. — Elle doit indiquer le nombre des affaires dans lesquelles le cédant a occupé, tant en demandant qu'en défendant, pendant chacune des cinq dernières années de son exercice. (Circ. 28 juin 1849, 3°). Elle permet de contrôler, dans une certaine mesure, l'état des produits. (Greffier, *loc. cit.*, n°s 59 et 60).

127. — Dans un certain nombre de ressorts, ce relevé est remplacé, en ce qui concerne les avoués près la Cour, par une attestation du Greffier en chef, apposée au bas de l'état des produits et certifiant que le nombre des affaires porté sur cet état concorde bien avec celui qui a été inscrit au rôle d'audience.

XVI. — État des produits.

128. — Cette pièce doit être établie avec beaucoup de soin et la plus rigoureuse exactitude (1) ; le candidat a le devoir de participer à sa rédaction et de s'assurer personnellement de sa sincérité qu'il est obligé de certifier au bas de l'état (2).

(1) Cass. 7 janv. 1891 ; S. 92. 1.449 (note de M. Chavegrin). — Avan[t] 1830, les greffiers étaient seuls astreints à la production de cette pièce des prix scandaleusement exagérés, des désastres nombreux survenus dans le notariat, donnèrent alors la pensée de chercher dans les états de produits une base d'estimation pour les offices de notaires ; plus tard vers 1842, cette mesure fut étendue à tous les officiers ministériels (Greffier, *loc. cit.*, n° 53.)

(2) Le titulaire qui cède son office peut être tenté de dissimuler l'exagération du prix au moyen d'états de produits faux. Dans ce cas, e[n] dehors de l'action en réduction, si la bonne foi du cessionnaire a réellement été surprise par des manœuvres frauduleuses, il peut y avoir lie[u] à des poursuites correctionnelles pour escroquerie contre le cédant.

D'autre part, cette dissimulation peut entraîner des peines disciplinaires contre le cédant ou contre le cessionnaire qui s'est rendu complice de la fraude. (V. *Répert. Enc. du Droit Français*, v° *Office*, n°s 72, 76, et 111.)

Elle a, d'ailleurs, pour lui-même une importance capitale, puisque, en cas de majoration des produits, il peut être exposé à payer son office un prix supérieur à celui que fixerait la Chancellerie exactement renseignée. Elle ne doit pas être dressée « à l'aide de moyennes plus ou moins arbitrairement évaluées », dit la circulaire du 24 juillet 1890, « mais représenter d'une manière exacte les émoluments constatés par les registres que l'officier ministériel est obligé de tenir » (1).

129. — Cet état doit être *certifié sincère* par le cédant et le cessionnaire (signatures légalisées), ainsi que par le Procureur général pour les études d'appel ou par le Procureur de la République pour les offices de première instance. Il est établi en quatre exemplaires : un sur timbre et trois sur papier libre; l'un de ces derniers (pour lequel il n'est pas nécessaire que les signatures des cédant et cessionnaire soient légalisées) est joint en duplicata à l'exemplaire sur timbre destiné au dossier de la Chancellerie (Circ. 4 et 30 déc. 1890) ; les deux autres sont classés aux archives du Parquet de la Cour et du Parquet de première instance (2).

130. — La circulaire du 24 juillet 1890 prescrit un modèle *obligatoire* que nous reproduisons sous les n°s 137 et 138.

Il doit contenir, pour les cinq dernières années de l'exercice du cédant (3), le nombre et le produit de chaque catégorie d'affaires avec leur totalisation, ainsi qu'un tableau récapitulatif indiquant la moyenne annuelle des affaires et des produits.

(1) S'il y a eu de la part du cédant exagération de l'état des produits sur le vu duquel a été fixé le prix de l'office, le cessionnaire peut demander la résolution du traité sans avoir à attendre que celui-ci ait été soumis à l'agrément de la Chancellerie (Bourges, 17 févr. 1899, S. 99. 2. 141); mais, une fois la nomination intervenue, il ne le peut sous aucun prétexte ; son droit se borne à demander des dommages-intérêts ou une réduction de prix s'il y a lieu (Amiens, 7 mars 1893, sous Cass. S. 96. 1. 11; — Cass. 6 févr. 1894; S. 95. 1. 177; Montpellier 22 mars 1898 ; S. 99. 2. 199).

(2) Trois exemplaires suffisent lorsqu'il s'agit de la cession d'un office d'avoué près la Cour d'appel.

(3) « Dans certaines circonstances, lorsque l'exercice du cédant a été de longue durée, par exemple, et que le prix convenu dépasse celui de la cession précédente, le nombre des années dont on devra donner le produit sera élevé à sept. Ces indications seules me permettront d'apprécier si la moyenne indiquée est bien assise et si le bénéfice que prétend faire le cédant est suffisamment justifié. » Mais ces prescriptions de la circulaire du 1er mars 1890, édictées spécialement pour les notaires, ne sont que très exceptionnellement appliquées aux avoués, et seulement quand le parquet a des raisons de craindre que le cédant ait multiplié ses actes, pendant les dernières années, pour gonfler ses états de produits et justifier une augmentation du prix de l'office.

131. — Les affaires soumises aux Cours d'appel, dit M. Greffier (1), se présentant d'ordinaire sous la forme de questions litigieuses à vider, il n'y a qu'une seule distinction à établir entre elles : affaires ordinaires et affaires sommaires ; aussi ne peut-on exiger d'un avoué près d'une Cour qu'un relevé, sous un numéro, de toutes les affaires ordinaires, et, sous un autre numéro, de toutes les affaires sommaires, avec indication en bloc du produit de toutes les procédures, ce qui réduit l'état à deux lignes par chaque année.

132. — Mais il en est autrement pour les avoués de première instance, et la circulaire du 23 juillet 1890 a réparti les affaires dont ils ont à s'occuper en quatorze catégories limitativement déterminées (2) :

1° Affaires ordinaires { Demandes. Défenses.
2° Affaires sommaires { Demandes. Défenses.
3° Licitations { Demandes. Défenses.
4° Saisies immobilières et conversions.
5° Ventes de biens de mineurs.
6° Surenchères et folles enchères.
7° Adjudications.
8° Purges.
9° Ordres.
10° Contributions.
11° Productions à ordres et contributions.
12° Jugements sur requête.
13° Référés.
14° Renonciations.

133. — « Vous remarquerez, dit M. le Garde des Sceaux, que la rubrique *Affaires diverses* n'y trouve pas place. J'ai constaté que, dans la plupart des cas, elle se composait d'honoraires particuliers relatifs à la plaidoirie en matière de commerce (1) ou à la rédaction d'actes sous seing privé et

(1) *Des Cessions d'Office*, 4e édit., n° 59.
(2) « Je recommande d'une manière particulière de n'admettre dans les dossiers de présentation aucun état qui ne contienne ces différents articles. » (Circ. 24 juillet 1890).
(1) Il existe cependant, de ce chef, une source d'émoluments dont on pourrait tenir compte dans une certaine mesure. Aussi quelques par-

notamment à des transactions intervenues en dehors de tout litige pendant devant le tribunal. Ces éléments divers ne sont pas le résultat de la postulation ni de l'exercice direct des fonctions, et, en les admettant dans les états de produits, on fausse nécessairement la base d'évaluation de la valeur des offices » (2).

134. — « Je désire enfin, ajoute-t-il, que tous les états de produits mentionnent, en tête, le prix de la précédente cession et la moyenne du produit alors constaté. Il conviendra que les parquets vérifient attentivement ces chiffres et les apprécient dans leurs rapports en faisant ressortir, soit leur corrélation avec le prix et les produits de la cession actuelle, soit les causes particulières qui ont déterminé l'augmentaton ou la diminution de la valeur des offices » (3).

135. — Les années de produits partent du 1er janvier et finissent le 31 décembre qui précède la cession (Massabiau, 5e édit., t. III, n° 5570). — Dans certains ressorts, lorsque cette dernière a lieu dans le second semestre de l'année, il est exigé, à titre de renseignement, un état supplémentaire des produits des mois écoulés. On se borne souvent, dans ce cas, à ajouter à l'état principal une sixième colonne dans laquelle on les fait figurer, en ayant soin d'indiquer le nombre de mois auxquels ils s'appliquent et de ne les compter ni dans le tableau récapitulatif, ni pour le calcul des moyennes.

136.— Dans le cas où, pendant son exercice, une suppression d'office aurait eu lieu, le cédant devra apporter au Ministère public, la preuve qu'il a payé l'indemnité mise à sa charge et augmenter d'autant le chiffre indiquant, sur l'état des produits, le prix auquel il a acquis son étude ; mais cette mention devra se faire d'une manière très nette, en désignant, d'une manière distincte, le prix de la cession précédente et le chiffre de l'indemnité payée.

quets demandent-ils aux postulants de leur fournir un état sur papier libre des affaires commerciales pendant les cinq dernières années, état qu'ils joignent au dossier à titre de renseignement confidentiel ou qu'ils se contentent, le plus souvent, d'analyser dans leur rapport.

(2) *Sic*: Douai 1er décembre 1873 ; S. 74. 2. 101. — D'après de nombreuses décisions il ne faut comprendre dans l'évaluation des produits ni les droits de correspondance ni les frais de voyage (*Rép. Encyc. du Dr. Fr.*, v° *Office*, n° 38).

(3) « Le soin que les magistrats du parquet apporteront à exécuter ces instructions et à faire disparaître des traités les irrégularités qui occasionnent encore trop souvent d'inutiles correspondances permettra de hâter singulièrement des nominations presque toujours urgentes ». (Même circulaire).

137. — État des Produits

DE L'OFFICE DE Me..., AVOUÉ PRÈS LA COUR D'APPEL DE.....

Du . . . . . . au . . . . . . 19 . .

PRIX de la cession précédente : . . *Moyenne des produits de la précédente cession : . .* *TAUX :*
PRIX de la cession actuelle : . . . *Moyenne des produits de la cession actuelle : . . .* *TAUX :*

NATURE DES AFFAIRES	1901		1902		1903		1904		1905		RÉCAPITULATION		
	NOMBRE.	PRODUITS.	NOMBRE.	PRODUITS.	NOMBRE.	PRODUITS.	NOMBRE.	PRODUITS.	NOMBRE.	PRODUITS.	ANNÉES.	NOMBRE des affaires.	PRODUITS.
											1901		
Affaires ordinaires..........											1902		
											1903		
											1904		
Affaires sommaires........ ..											1905		
											Totaux.		
TOTAUX.......											Dont le 5me est de.....		

PRIX de la cession précédente : . . *Moyenne des produits de la précédente cession :* . . *TAUX :*
PRIX de la cession actuelle : . . . *Moyenne des produits de la cession actuelle :* . . . *TAUX :*

NATURE DES AFFAIRES	1901		1902		1903		1904		1905		RÉCAPITULATION		
	NOMBRE.	PRODUITS.	NOMBRE.	PRODUITS.	NOMBRE.	PRODUITS.	NOMBRE.	PRODUITS.	NOMBRE.	PRODUITS.	ANNÉES.	NOMBRE des affaires.	PRODUITS.
Ordinaires… { Demandes…													
Ordinaires… { Défenses…													
Sommaires… { Demandes…											1901		
Sommaires… { Défenses…													
Licitation… { Demandes…											1902		
Licitation… { Défenses…													
Saisies immobilières et conversions…											1903		
Ventes de biens de mineurs…											1904		
Surenchères et folles enchères.											1905		
Adjudications…													
Purges…													
Ordres…													
Contributions…													
Productions à ordres et à contributions…											Totaux.		
Jugements sur requête…													
Référés…											Moyenne des { Affaires :..		
Renonciations…											Moyenne des { Produits :..		
Totaux…													

Certifié sincère et véritable,
A……….*le*……….*19*…
Signature du cédant
(*Légalisée*)

Vérifié et reconnu exact,
A……….*le*….. ….*19*..
Signature du cessionnaire
(*Légalisée*)

Vu, vérifié et certifié exact,
Au parquet du Tribunal de……..
Le Procureur de la République,

CHAPITRE III.

CESSION APRÈS DÉCÈS DU TITULAIRE.

139. — Le prix de l'office appartient aux héritiers ou ayants cause, lesquels peuvent présenter un candidat à l'agrément du Président de la République. Ce droit, que leur a formellement reconnu la Cour de cassation, n'est plus contesté aujourd'hui (1) ; mais, dans ce cas, la démission du possesseur de la charge est remplacée par les deux pièces suivantes :

1° Une expédition de l'acte de décès du titulaire. Cette pièce doit être sur timbre. Elle doit être délivrée soit par le maire du lieu du décès (et, dans ce cas, la signature de l'officier de l'état civil peut être légalisée par le juge de paix), soit par le greffier du tribunal civil de l'arrondissement dans lequel a été constaté le décès (2) ; la signature de ce dernier est alors légalisée par le président du tribunal civil.

2° Un extrait de l'intitulé d'inventaire dressé après son décès constatant les qualités des cédants, — *ou*, à défaut, un acte de notoriété établi dans le même but, soit devant le juge de paix, soit devant notaire, — *ou* l'acte de disposition soit entre vifs, soit testamentaire qui justifie de la capacité du donataire ou légataire. Cette pièce est délivrée sur timbre, dans la forme habituelle, en un seul exemplaire ; elle doit être légalisée.

140. — Le reste du dossier est composé comme si la cession avait lieu après la démission du titulaire. Toutefois, en ce qui concerne la manière dont les pièces doivent être établies, il faut distinguer entre le cas où les héritiers sont tous majeurs et celui où il y a des mineurs.

(1) « Il est admis, bien que la loi n'ait rien décidé à cet égard, que les héritiers, légataires ou donataires, exercent le droit de présentation ». (Circ. 1er mars 1890). — V. *Rép. Encycl. du Droit Français*, v° *Office*, n°s 140 à 152.

(2) Il ne faut pas oublier toutefois que le double des actes de l'état civil n'est déposé au greffe que dans le courant du mois de janvier de l'année qui suit celle au cours de laquelle ils ont été établis.

I. — Tous les héritiers sont majeurs.

141. — Ils agissent collectivement comme le titulaire lui-même dont ils ont tous les droits (1).

142. — La présentation est faite soit par eux, et signée par tous (signatures légalisées), soit par leur mandataire spécial à cet effet, dont la signature doit être légalisée et le pouvoir joint au dossier.

143. — Il en est de même de l'état des produits qui doit être certifié par tous les héritiers (signatures légalisées), et du traité de cession auquel ils doivent figurer, chacun pour sa part et portion.

144. — La veuve commune en biens, et qui, à ce titre, a des droits sur le prix de l'office, doit participer en cette qualité tant à la présentation qu'au traité (2). Elle doit également y figurer chaque fois qu'elle a des droits à exercer par suite de son contrat de mariage ou en vertu de la loi du 9 mars 1891, et lorsqu'il y a des enfants mineurs, elle doit intervenir non seulement comme tutrice de ses enfants, mais encore en son nom personnel, comme usufruitière aux termes de l'art. 767. C. civ., sinon elle doit produire une renonciation, faite au greffe, à son droit d'usufruit (Lettre G. des Sc. à P. G. Bourges, 16 avril 1895).

145. — Les donataires et légataires universels ou à titre universel, sont assimilés aux héritiers proprement dits, mais le légataire universel, institué par testament olographe, doit, avant de pouvoir user de son droit de présentation, se

(1) S'il n'y a qu'un héritier unique, c'est à lui seul qu'incombe le soin d'agir au lieu et place du *de cujus* et de fournir les pièces énumérées sous le n° 153. Si c'est une femme mariée à laquelle l'office appartient en propre, en vertu des clauses de son contrat de mariage, elle pourra le céder avec l'autorisation de son mari, conformément aux principes du droit commun (Perriquet, *Offices ministériels*, p. 418 n° 482).

(2) Pendant longtemps on a décidé que, dans aucun cas, la veuve du titulaire, quels que fussent ses droits sur le prix de l'office en raison de la communauté de biens qui avait pu exister entre elle et son mari, ne pouvait figurer au traité *en qualité de commune*, la loi de 1816 n'ayant réservé le droit de présentation qu'aux *héritiers*. L'opinion contraire a justement prévalu (Greffier, *loc. cit.*, 1883, p. 53 ; Amiaud, n° 22 ; *Dict Not. supplém.*, v° *Office*, n° 139).

faire envoyer en possession conformément aux art. 1006 et 1008, C. civ. (Décis. 3 févr. 1855) (1).

II. — Il y a des mineurs.

146. — Dans ce cas, le tuteur intervient, sous la surveillance du subrogé-tuteur (2), dans les actes au lieu et place des mineurs qu'il représente (3). Toutefois, avant de traiter définitivement, il doit soumettre le projet de cession à l'approbation du conseil de famille dont la délibération est ensuite homologuée par le tribunal, quand le prix de cession est supérieur à quinze cents francs. « La loi du 27 février 1880 (4), dit la circulaire du 20 mai de la même année, s'applique à *tous les meubles incorporels quelconques*; par conséquent, en cas de cession d'un office, après décès du titulaire, si, parmi les héritiers appelés à recevoir le prix, se trouvent des mineurs, on doit s'assurer que le traité a été autorisé par le conseil de famille, et, lorsque la valeur sera supérieure à 1500 francs, homologué par le tribunal. Ces formalités étaient déjà observées dans la plupart des cas, et la Chancellerie en

(1) Les créanciers d'un titulaire ne sont point admis à présenter un successeur (Cass., 23 mai 1854; Sirey, 1854, 1. 316; P. 1854. 2. 454; Cons. d'Etat, 30 juin, 1876; Dalloz, 1876. 3. 97; Instr. du Garde des Sceaux du 28 août 1852).

(2) Loi 27 févr. 1880, art. 7 ; Circ. 1er mars 1890. — Le subrogé-tuteur n'a qu'une mission, celle de surveiller le tuteur, de voir si ce dernier touche les capitaux du mineur et en fait emploi dans le délai légal, et qu'un droit, celui de provoquer, le cas échéant, la réunion du conseil de famille devant lequel le tuteur sera appelé à rendre compte de sa négligence ou de ses retards. Le débiteur n'étant pas responsable de leur emploi, doit verser les fonds entre les mains du tuteur, sans que celui-ci ait à lui justifier de l'emploi qu'il en fera. (Trib. civ. St-Dié, 22 juin 1882. Dall. supp. vo *Minorité*, no 417 note 1)

(3) Soit seul, soit concurremment avec les héritiers majeurs, s'il y en a. Lorsque c'est la femme qui est la tutrice de ses enfants mineurs, elle doit intervenir non seulement à ce titre, mais encore en son nom personnel comme usufruitière aux termes de l'art. 767. V. *supra*, no 144, Lettre G. des Sc. à P. G. Bourges, 16 avril 1895.

(4) Loi du 27 fév. 1880 : Art. 1er : « Le tuteur ne pourra aliéner, sans y être autorisé préalablement par le conseil de famille, les rentes, actions, parts d'intérêts, obligations et *autres meubles incorporels quelconques* appartenant au mineur ou à l'interdit. Le conseil de famille, en autorisant l'aliénation, prescrira les mesures qu'il jugera utiles ». Art. 2: « Lorsque la valeur des meubles incorporels à aliéner dépassera, d'après l'appréciation du conseil de famille, quinze cents francs en capital, la délibération sera soumise à l'homologation du tribunal qui statuera en la chambre du conseil, le ministère public entendu, le tout sans dérogation à l'article 883 du code de procédure civile. Dans tous les cas, le jugement rendu sera en dernier ressort ».

avait recommandé l'accomplissement (1). Cependant, en l'absence d'un texte précis, certains tribunaux avaient cru ne pouvoir prononcer l'homologation lorsqu'elle leur était demandée. La loi nouvelle met fin à toute divergence. » (*Bull. Offic.*, 1880, p. 115; Dall. 1881. 3. 70).

147. — Mais ces formalités ne sont point nécessaires pour le traité rectificatif qui constate une réduction de prix imposée par la Chancellerie, puisque le tuteur ne fait alors qu'exécuter une décision souveraine du gouvernement (2).

148. — Le candidat doit donc, quand il y a des héritiers mineurs, produire non seulement une expédition de l'acte de décès et un extrait de l'intitulé d'inventaire ou l'acte de notoriété qui y supplée, mais encore:

1° Une expédition de la délibération du conseil de famille approuvant ou autorisant la cession;

2° Une expédition du jugement d'homologation, lorsque le prix de cession dépasse 1500 francs.

Ces deux pièces sont délivrées sur timbre, en un seul exemplaire, dans la forme habituelle, par les greffiers compétents.

Toutefois lorsque, comme cela arrive souvent, la délibération du conseil de famille est rapportée *in extenso* et textuellement dans les qualités du jugement d'homologation, il n'est pas nécessaire d'en produire une expédition spéciale. L'expédition du jugement d'homologation suffit.

149. — Quel est le rôle du conseil de famille? Doit-il fixer lui-même les conditions de la cession et apprécier le degré de solvabilité du cessionnaire? Lui est-il interdit de s'en rapporter entièrement à la prudence du tuteur? Dans quelle mesure le tribunal doit-il intervenir? Peut-il refuser son homologation si on ne lui indique pas le nom du cessionnaire ou si l'on ne précise pas les conditions auxquelles la cession est consentie?

Le Tribunal de la Seine s'est nettement prononcé pour l'affirmative dans un jugement du 25 janvier 1853. On lui avait soumis la délibération d'un conseil de famille portant autorisation de céder un office, à un prix déterminé, à un successeur dont le nom était indiqué, *ainsi qu'à tout autre candidat moyennant le prix qui serait jugé le plus avantageux pour les mineurs.* Il a refusé d'homologuer cette seconde par-

(1) Décisions 28 fév. 1840, 23 juin 1841, 25 déc. 1842, 14 janv. 1843, 11 fév. 1848, 27 fév. 1851 et circ. P. G. Paris, 2 juin 1859.

(2) *Sic*: Amiaud, p. 28; Circ. 1er mars 1890; Greffier, n° 121.

tie de la délibération à raison du caractère trop vague de ses énonciations, et n'a approuvé que la première autorisant la cession à une personne déterminée, moyennant un prix fixé (1). C'est encore la solution qu'il a adoptée dans une décision du 21 février 1890 ainsi conçue : « Attendu que la délibération dont l'homologation est demandée ne contient aucune indication relative soit à la valeur de la clientèle cédée, soit au prix de la cession, soit au nom du titulaire ; — Qu'invités à produire tous renseignements ou pièces de nature à compléter la délibération et à permettre au tribunal d'apprécier si les intérêts des mineurs X... sont sauvegardés, les représentants de ces derniers n'ont fait aucune production ; — Par ces motifs, dit n'y avoir lieu, quant à présent, à homologation ».

Mais, sur appel, la Cour de Paris, tranchant pour la première fois une difficulté de ce genre, s'est prononcée pour la négative. « Considérant, dit-elle dans son arrêt du 19 mars 1890 (2), que la transmission d'un office ministériel est soumise à des règles spéciales et à un contrôle des autorités publiques, destinés à sauvegarder les intérêts de toute nature engagés dans cette transmission; — Qu'à ces autorités seules appartient de déterminer, en dernière analyse, la valeur réelle et les conditions de la cession des divers éléments compris dans l'office ; — Que c'est donc à tort que les premiers juges ont refusé d'homologuer la délibération qui leur était soumise, pour le motif qu'elle n'indiquait pas le chiffre de la cession, alors que ce chiffre ne peut être définitivement déterminé que par l'approbation de l'autorité supérieure ; — Réformant, homologue la délibération du conseil de famille des mineurs X... ». — Cette décision a été vivement critiquée, car elle enlève à peu près toute utilité à l'avis du conseil de famille et à celui du tribunal. « S'ils ne doivent se préoccuper ni de la personnalité du cessionnaire, ni des conditions pécuniaires de la cession, si leur rôle doit se borner à autoriser le tuteur à traiter au mieux, avec qui bon lui semble, cela revient à permettre simplement au tuteur d'exercer, au nom des mineurs, le droit de présentation. C'est une autorisation qu'il est bien inutile de demander puisqu'elle ne saurait être raisonnablement refusée, l'office ne pouvant demeurer sans titulaire et les mineurs ne pouvant le gérer, ni le tuteur pour eux. Si l'on n'admet pas la doctrine du tribunal de la Seine, il ne faut pas hésiter à demander la suppression de cette dou-

(1) Bertin : *Ch. du conseil*, t. I, p. 555, n° 57.
(2) 1re chambre, M. Périvier, premier président.

ble formalité qui entraîne des lenteurs et des frais et ne saurait en rien protéger les droits des mineurs (1). »

150. — Sans aller aussi loin, il ne nous semble pas absolument exact de prétendre, comme l'a fait la Cour de Paris, que le contrôle de la Chancellerie est destiné à sauvegarder les intérêts *de toute nature* engagés dans une transmission d'office. L'autorité publique, en effet, n'a à se préoccuper que des intérêts de la société; là se borne son rôle, et si, dans ce but, elle défend ceux du cessionnaire, puisqu'elle veille à ce qu'il n'accepte pas des conditions trop onéreuses, elle ne se préoccupe nullement de ceux du cédant. La preuve, c'est que s'il lui arrive souvent de réduire le montant du prix stipulé, elle n'impose jamais d'augmentation, et cela se comprend, car le cédant recherche toujours l'offre qui lui paraît la plus avantageuse. Mais lorsque ce cédant est mineur, et ne peut défendre ses intérêts, c'est aux autorités auxquelles la loi a confié ce soin qu'il appartient de s'assurer que le prix de cession, sans être exagéré, est au moins suffisant. Or, pour que le tribunal, après le conseil de famille, puisse s'acquitter de ce devoir, il faut que le montant du prix de cession soit convenu. Sans doute ce prix, même accepté par le cessionnaire, ne deviendra définitif qu'après l'approbation de la Chancellerie, mais c'est au conseil de famille et au tribunal qu'il appartient d'apprécier, en premier lieu, si le chiffre proposé par le tuteur est suffisant, sauf à l'autorité supérieure à le réduire si elle le trouve trop élevé par rapport aux produits légitimes de la charge. Du reste, puisque la loi de 1880 exige l'homologation du tribunal quand le prix de cession doit dépasser 1,500 francs « d'après l'appréciation du conseil de famille », il faut bien que ce prix soit indiqué dans la délibération.

Au contraire, l'indication du nom du cessionnaire ne nous paraît pas indispensable, car elle ne peut servir au tribunal, comme au conseil de famille, qu'à l'appréciation de la solvabilité du postulant. Or, sur ce point, le parquet et la Chancellerie ne manqueront pas de se livrer à toutes les investigations utiles; d'autre part, l'on peut sauvegarder les intérêts du mineur soit en exigeant un paiement à effectuer aussitôt après la prestation de serment, soit en imposant des garanties hypothécaires ou autres si l'on accorde des délais pour la libération. Nous pensons même qu'il est prudent, de la part du conseil, de ne pas limiter son choix au seul candidat avec lequel le tuteur a l'intention de traiter, car, en

(1) Pandectes Françaises, 1891. 2. 233, note sous Paris 19 mars 1890.

cas de mort, de non-admission ou de désistement de ce postulant, il serait nécessaire de procéder à une nouvelle réunion du conseil, ce qui entraînerait des frais et des lenteurs préjudiciables aux intérêts des mineurs. De même, la délibération ne doit pas déclarer que si le prix fixé n'est pas admis par la Chancellerie, le traité sera résolu de plein droit, car, en cas de désaccord, M. le Garde des Sceaux mettrait les héritiers en demeure de présenter un candidat et d'accepter le prix fixé par lui dans un délai déterminé, puis procéderait à une nomination d'office comme nous l'indiquons ci-après sous le n° 163.

151. — La formule à insérer dans la délibération peut être ainsi conçue :

Considérant qu'il est indispensable de céder le plus rapidement possible l'office d'avoué près la Cour de.... (*ou* le tribunal de. ..) dont M. (le *de cujus*) a été pourvu par décret en date du....

Considérant que le prix proposé paraît en rapport avec les produits de la charge et conforme aux bases admises par la Chancellerie;

Considérant que la solvabilité de M. (*nom et prénoms du candidat*), est suffisante pour que l'on puisse lui accorder les délais de paiement qu'il sollicite ;

Par ces motifs, le conseil de famille, après en avoir délibéré, est d'avis à l'unanimité des voix, la nôtre comprise (1), qu'il y a lieu d'autoriser, comme de fait il autorise, le sieur .... tuteur des mineurs. . . . à céder l'office d'avoué, dont était titulaire le père de ces derniers, à M. (*nom*, *prénoms*, *profession*, *domicile du candidat*), ou, à son défaut, à toute autre personne remplissant les conditions requises, moyennant la somme de. . . . francs, ou celle qui sera fixée par la Chancellerie, payable : . . . francs le lendemain de la prestation de serment et le surplus dans un délai de.... ans, avec intérêts à... 0/0 ; décide toutefois que, dans le cas où la cession serait faite à un autre postulant que M... (*le candidat désigné*), le prix sera stipulé payable aussitôt après la prestation de serment (2).

Dispose que la somme reçue sera employée de la manière suivante :.... (*indiquer l'emploi à faire*) (3).

(1) Celle du juge de paix.

(2) Le conseil de famille peut toujours, par une délibération postérieure, revenir sur cette décision, et même accorder au nouveau postulant des délais de paiement plus longs que ceux qu'il avait fixés pour le premier.

(3) Loi 27 févr. 1880 ; art. 1er.

En conséquence, donne, toujours à l'unanimité des voix, au dit sieur. . . . tuteur, toutes autorisations nécessaires pour toucher le prix de la dite cession, signer tous les pièces y relatives, présenter le candidat à l'agrément de qui de droit, donner bonne et valable quittance, etc.

La valeur de l'office dont il s'agit étant supérieure à 1,500 francs, la présente délibération sera soumise à l'homologation du Tribunal (1).

De tout quoi, etc.

152. — Il n'est pas nécessaire que la réunion du conseil de famille ait lieu uniquement pour autoriser la cession de l'office; on peut, dans la même délibération, nommer le subrogé-tuteur et statuer sur d'autres intérêts des mineurs, mais il faut que la décision relative à la cession soit claire et formelle.

III. — Énumération des pièces à produire en cas de cession après décès du titulaire.

153. — Le dossier du candidat doit donc comprendre :

1° *Acte de décès du titulaire* (n° 139, 1°) ;
2° *Extrait de l'intitulé d'inventaire* ou *acte de notoriété* (n° 139, 2°) ;
3° *Présentation du candidat par les héritiers* (nos 155 et 156) ;
4° *Supplique* (nos 28, 29 et 154) ;
5° *Acte de naissance* (nos 30 à 35) ;
6° *Casier judiciaire* (n° 36 et 37) ;
7° *Certificat constatant la situation militaire* (nos 38 à 41) ;
8° *Certificat de bonnes vie et mœurs* (nos 42 et 43) ;
9° *Certificat de jouissance des droits civils, civiques et politiques* (nos 44 et 45) ;
10° *Certificat d'aptitude* (nos 46 à 50) ;
11° *Certificats de stage* (nos 51 à 65) ;
12° *Certificat de capacité et de moralité* (nos 66 à 71) ;
13° *Certificat de non-parenté* (n° 72) ;
14° *Certificat d'admittatur* (nos 73 à 77) ;
15° *Traité de cession* (nos 78 à 122 ; 157 à 161) ;
16° *Affirmation de la sincérité du prix* (nos 123 et 124 ; 154 ; 157) ;

(1) Si la valeur de l'office ne dépasse pas 1,500 francs, cette mention sera remplacée par la suivante : « La valeur de la cession n'excédant pas 1,500 francs, la présente délibération ne sera pas soumise à l'homologation du Tribunal ». — Voir sur ce point les prescriptions de la circulaire de M. le Garde des Sceaux du 20 mai 1880, déjà citée.

17° *Relevé du rôle d'audience* (nos 125 à 127) ;
18° *Etat des produits* (nos 128 à 138, 154) ;
Et lorsqu'il y a des héritiers mineurs :
19° *Délibération du conseil de famille* (nos 146 à 152) ;
20° *Homologation du tribunal, si le prix de cession est supérieur à 1,500 francs.* (nos 146 à 148).

IV. — Observations.

154. — Toutes les pièces auxquelles nous n'avons pas consacré un paragraphe spécial, dans ce chapitre, doivent être établies conformément aux principes que nous avons exposés dans le chapitre II, sous les sections les concernant, avec cette seule différence que la signature du cédant est remplacée par celle de tous les héritiers ou du tuteur des mineurs (1). Chaque signature est légalisée par le maire du domicile ou de la résidence de l'ayant cause et celle de ce dernier par le préfet ou le sous-préfet de l'arrondissement.

155. — Ainsi la présentation du candidat peut être ainsi formulée :

Monsieur le Président de la République,

Le soussigné. . . , tuteur des mineurs (*noms, prénoms, âges*) héritiers naturels et légitimes de M. . . , décédé à. . . . , le. . . . , a l'honneur de présenter à votre agrément M. (*nom, prénoms, profession, domicile du candidat*) pour succéder audit M. (*nom, prénoms*), père de ses pupilles, dans les fonctions d'avoué près la Cour (*ou* le tribunal) de. . . . . , département du. . . . .

Il est, avec un profond respect,
Monsieur le Président de la République,
votre très-humble et dévoué serviteur.
(*Signature légalisée.*)

156. — Autre formule :

Monsieur le Garde des Sceaux,

Les soussignés. . . . , héritiers (donataires ou légataires) de M. . . , décédé à. . . , le. . . , ont l'honneur de vous

(1) S'il y a des enfants mineurs issus de deux mariages de l'officier ministériel décédé et ayant des tuteurs différents, les deux tuteurs doivent adhérer au traité (Décis. 11 août 1841 ; Massabiau, 5e édit. t. III, n° 5527).

prier de vouloir bien présenter à l'agrément de M. le Président de la République, M. . . . . (*nom, prénoms, profession, domicile du candidat*) pour succéder audit M. . . dans les fonctions d'avoué près la Cour (*ou* le tribunal de . . . .), département de. . . .

Ils sont, avec respect,
Monsieur le Garde des Sceaux,
vos très humbles et dévoués serviteurs.
(*Signatures légalisées.*)

157. — Toutefois, dans le traité de cession, de même que dans le traité rectificatif et l'attestation de sincérité, chacune des parties contractantes doit indiquer d'une façon beaucoup plus précise la qualité en vertu de laquelle elle agit. Nous donnons, à titre d'exemple, le modèle suivant :

Entre les soussignés,

1°... (*nom, prénoms, profession, domicile*), veuve en premières noces de... (*nom, prénoms*), de son vivant avoué près la Cour (*ou* le tribunal de première instance) de..., la dite dame agissant tant en son nom personnel, comme ayant été commune en biens avec son défunt mari et aussi comme ayant droit à l'usufruit du quart des biens dépendant de la succession du dit mari, conformément à l'art. 767 du C. civil, qu'en sa qualité de mère et de tutrice légale de..., ses fils mineurs, nés de son mariage avec son défunt mari ; la dite dame autorisée aux fins des présentes par délibération du conseil de famille des dits mineurs, prise sous la présidence de M. le juge de paix du canton de....., le....., enregistrée, et homologuée par jugement du tribunal civil de....., le....., également enregistré ;

2°... (*nom, prénoms, profession*) domicilié à... agissant tant en son nom personnel, comme héritier direct de son père, pour un tiers, qu'en sa qualité de subrogé-tuteur de ses deux frères mineurs sous la tutelle de leur mère ;

D'une part,

Et (*nom, prénoms, profession, domicile du candidat*), d'autre part...

(Voir la formule indiquée sous le n° 88).

158. — Lorsque c'est un fils, unique héritier de son père, qui demande à succéder à ce dernier, il n'y a point de traité de cession à produire ; cette pièce est remplacée, conformément aux prescriptions de la loi du 25 juin 1841 (art. 9), par une déclaration d'estimation de l'office et une quittance du Receveur de l'enregistrement constatant le paiement des droits. Il en est de même pour le donataire ou légataire universel ; il suffit qu'il apporte la justification de sa qualité d'ayant droit unique sur l'étude et la preuve qu'il a payé les droits de succession.

159. — Cette déclaration peut être ainsi conçue :

Le soussigné (*nom, prénoms, profession*), agissant en qualité d'héritier de feu..., de son vivant avoué près la Cour (ou le tribunal) de... (*ou* en qualité de légataire universel de... en vertu du testament reçu par M.....) déclare que l'office d'avoué, dont le dit sieur..... était titulaire et dont il demande à être investi, est d'une valeur de...

Fait à... le...

(*Signature légalisée*).

Cette pièce doit être fournie en double ou en triple exemplaire, dont un sur timbre, suivant qu'il s'agit d'un office d'appel ou de première instance.

160. — Quand le titulaire meurt après avoir traité, il n'y a pas lieu d'appeler les héritiers, majeurs ou mineurs, à confirmer la cession (Décis. 16 juin 1862 et 28 mars 1865 ; Amiaud, *loc. cit.*, n°s 45 et 25). — *Sic* : Massabiau, 5e édit, revue par M. Mesnard, t. III, n° 5521. Cependant cet auteur, s'appuyant sur une ancienne décision du 5 avril 1822, avait soutenu l'opinion contraire dans sa précédente édition (t. III, n° 4904, 4e édit., 1876).

161. — Si le titulaire, en mourant, laissait sa veuve enceinte, la mère, tutrice, ne pourrait faire la cession sans le concours du curateur au ventre et l'autorisation du conseil de famille, homologuée ainsi qu'il vient d'être dit (Décis. 30 avril 1842 ; Greffier, *loc. cit.*, n° 71); Massabiau, 5e édit., t. III, n° 5523).

162. — Le mineur émancipé doit, conformément aux prescriptions de l'art. 484 du code civil, se conformer aux formalités que nous venons d'indiquer pour le mineur non émancipé, la cession d'un office ne constituant pas un acte de pure administration (Décis. 4 juin 1851 ; Massabiau, 5e édit., III, n° 5529).

163. — Si les héritiers ne peuvent se mettre d'accord sur le choix d'un candidat, ou si, par leurs exigences, ils éloignent les postulants, le Parquet (1) en avise la Chancellerie, qui leur impartit un délai et leur fait connaître, par l'intermédiaire du procureur de la République, que, ce délai expiré, il sera pourvu d'office à la vacance (2).

Il est ensuite procédé comme au cas de destitution (3) (*infrà*, nos 164 à 171) ; mais, alors, toutes les pièces, même celles qui sont établies par le Parquet (n° 167, § I), doivent être sur papier timbré. Le greffier fait l'avance des frais qui sont certifiés par le Procureur et remboursés ensuite par le candidat nommé.

163 *bis*. — Mais si le chef de l'Etat peut, dans certains cas, nommer un titulaire sans tenir compte du droit de présentation des héritiers, et cela parce que l'intérêt public l'exige, il ne peut priver ceux-ci de la valeur vénale de l'office. On a même jugé que, si le nouveau titulaire nommé avait été dispensé de payer une indemnité, les héritiers auraient le droit de s'adresser aux tribunaux pour lui réclamer le prix de l'office. Voir : Rennes 23 nov. 1833 (D. 34. 2. 221). — Grenoble 4 fév. 1837 (S. 38. 2. 15 ; D. 37. 2. 137). — Lettre de M. le Garde des Sceaux (D. 38. 3. 1).

(1) Dès qu'il estime que l'intérêt du service exige qu'il soit pourvu à la vacance.

(2) « En effet, quand le cédant est vivant et engage lui-même les négociations pour la cession de son office, si ces négociations n'aboutissent pas, il n'y a pas lieu à nomination d'office ; le titulaire continue tout simplement à exercer son ministère; le service public n'est pas en souffrance. Mais, quand l'officier ministériel est décédé, le ministère est interrompu, le service public en souffrance ; les prétentions exagérées ou fantaisistes des héritiers ne doivent pas pouvoir prolonger indéfiniment cette situation. Il faut un délai passé lequel interviendra une nomination d'office. » (Hauriou, sous Cons. d'Etat, 23 juin 1893. S. 95. 3,57). — Sic : Cons. d'Etat, 30 juin 1876 ; S. 77. 2. 61). Le commissaire du gouvernement, M. le Vavasseur de Précourt a même soutenu, dans l'affaire Desprez, que « Le Gouvernement peut nommer d'office, après présentation d'un successeur faite par l'héritier, *en réduisant le prix*, car ce dernier n'a pas, comme le titulaire, la faculté d'option entre la conservation pour lui-même de la charge et l'acceptation du prix réduit, et l'intérêt public exige que l'étude ne reste pas indéfiniment vacante. » Le Conseil d'Etat lui a donné raison. (23 juin 1893, précité).

(3) Circ. 1er mars 1890. Avis du Cons. d'Etat, 30 juin 1876 ; Dall. 1876. 3. 97 ; S. 77, 2, 61. — Greffier, 4e édit.. p. 51.

CHAPITRE IV.

CESSION APRÈS RÉVOCATION DU TITULAIRE.

164. — L'avoué révoqué est déchu, aux termes de l'art. 91 de la loi du 28 avril 1816, du droit de présenter un successeur à l'agrément du Gouvernement et, par suite, de celui de céder sa charge (1).

165. — La cession se fait suivant un mode particulier et d'office, par les soins du Procureur de la République de l'arrondissement. Le candidat doit, en conséquence, informer ce magistrat de son désir de traiter, en le priant de lui communiquer l'état des produits et de lui faire connaître, en même temps que le prix auquel a été fixée la valeur de l'office, tous les renseignements qui peuvent lui être utiles.

166. — « Quelquefois, dit M. le Garde des Sceaux dans sa circulaire du 1er mars 1890, lorsqu'un assez grand nombre de candidats se présentent, vos substituts se sont crus autorisés à éliminer ceux des aspirants qu'ils estimaient avoir le moins de titres à l'agrément du Gouvernement. Ce droit ne leur appartient à aucun point de vue ; tous les dossiers des candidats qui remplissent les conditions d'âge et de stage prescrits par la loi doivent être instruits et transmis à la Chancellerie. Je désire également que, dans toutes les circonstances où il y aura lieu de nommer d'office, le parquet chargé d'instruire la nomination ne néglige aucune démarche pour arriver à une présentation, si c'est possible, de trois candidats. »

Aussi, lorsqu'il n'y a pas de postulants ou que le nombre est insuffisant, le Procureur de la République fait faire des insertions dans les journaux et imprimer des affiches qu'il envoie dans les arrondissements voisins. Les frais de publicité sont avancés par l'enregistrement à titre de frais de justice (2), souvent par le greffier du tribunal, et doivent être remboursés par le postulant qui obtient l'agrément du Gouvernement.

(1) V. *Repert. Encycl. du droit Français* v° *Offices* n° 174 à 192. — Il en résulte que le privilège du vendeur non payé ne peut plus être exercé (Bordeaux 10 févr. 1891 ; S. 92, 2. 121 ; Amiens, 2 févr. 1892 (motifs) S. 93. 2. 7 ; Agen 28 décembre 1892 (motifs) S. 93. 2, 7).

(2) Le Poittevin, *Dict. Form. des Parquets*, 2e édit., t. I, v° *Cessions d'Offices*, n° 33.

167. — Le dossier se compose alors de deux parties :

I. — Un dossier commun, à tous les candidats, établi par parquet sur papier libre, qui comprend :

1° *Une expédition de la décision prononçant la révocation du titulaire* ;
2° *L'avis de la Chambre de discipline et la délibération du tribunal sur la valeur de l'office* (1) ;
3° *L'état des produits.*
4° *Le Relevé du rôle d'audience.*

II. — Le dossier personnel de chacun des postulants qui comprend :

1° *Supplique* (nos 28 et 29) ;
2° *Acte de naissance* (nos 30 à 35) ;
3° *Casier judiciaire* (nos 36 et 37) ;
4° *Certificat constatant la situation militaire* (nos 38 à 41) ;
5° *Certificat de bonnes vie et mœurs* (nos 42 et 43) ;
6° *Certificat de jouissance des droits civils, civiques et politiques* (nos 44 et 45) ;
7° *Certificat d'aptitude* (nos 46 à 50) ;
8° *Certificats de stage* (nos 51 à 65) ;
9° *Certificat de capacité et de moralité* (nos 66 à 71) ;
10° *Certificat de non-parenté* (*n°* 72) ;
11° *Certificat d'admittatur* (*nos* 73 à 77) ;
12° *Engagement de payer le prix fixé* (*nos* 168 *à* 170) ;

Toutes ces pièces doivent être fournies par chaque candidat, être sur papier timbré et établies conformément aux règles que nous avons exposées aux numéros auxquels nous renvoyons dans l'énumération ci-dessus.

168. — L'engagement souscrit par chacun d'eux de payer à qui de droit l'indemnité qui pourra être fixée par la Chancellerie doit être pris *sans condition ni réserve* (Circ.. 1er mars 1890).

169. — Il peut être ainsi conçu :

Le soussigné (*nom*, *prénoms*, *domicile*), candidat aux fonctions d'avoué près la Cour (*ou* le Tribunal) de . . ., département de . . ., en remplacement de . . . . s'engage, dans le cas où sa candidature serait agréée par M. le Président de la République,

(1) *Circ.*, 1er mars 1890.

à verser à qui de droit et dans les conditions indiquées par le décret, aussitôt que sa nomination lui aura été notifiée, l'indemnité qui sera fixée par le Gouvernement.

Fait à . . . . le . . .

Signature légalisée.

170. — Cette pièce doit être fournie en double ou en triple exemplaire, dont un sur timbre, suivant qu'elle se rapporte à un office d'appel ou de première instance. La signature du candidat doit être légalisée par le maire de son domicile ou de sa résidence et celle de ce dernier par le préfet ou le sous-préfet de l'arrondissement.

171. — L'officier ministériel frappé d'une peine de suspension, conservant, quelle qu'en soit la durée, le droit de présenter un successeur, les règles que nous venons d'exposer ne lui sont point applicables. (Circ. 16 août 1902).

CHAPITRE V.

CESSION OCCASIONNÉE PAR UNE MALADIE FRAPPANT LE TITULAIRE D'INCAPACITÉ ABSOLUE.

172. — Si l'incapacité du titulaire est purement physique, il conserve le droit de céder sa charge tant qu'il lui reste la possibilité de manifester sa volonté d'une façon certaine ; il peut donc, soit passer par devant notaire tous les actes où il doit figurer, soit donner mandat à une personne de confiance de le substituer, et le dossier se compose des pièces que nous avons indiquées dans le chapitre II, auxquelles il suffit d'annexer la procuration.

173. — S'il est, au contraire, atteint d'aliénation mentale, une distinction s'impose suivant qu'il est ou non interdit.

§ 1. — *Le titulaire est interdit.*

174. — Dans ce cas les règles à observer sont les mêmes que lorsque le titulaire est décédé laissant des héritiers mineurs (voir n° 146 à 157), avec cette seule différence que les pièces 1 et 2 de l'énumération faite sous le n° 153 sont remplacées par une expédition du jugement d'interdiction sur papier timbré. — Si ce jugement ne désigne pas le tuteur, ou si ce dernier a été changé depuis lors, il faut, en outre, justifier des pouvoirs du tuteur en exercice.

175. — C'est le tuteur de l'interdit qui fait la présentation et traite avec le candidat après avoir obtenu l'autorisation du conseil de famille, puis fait homologuer la délibération de ce dernier par le tribunal ; c'est lui qui établit l'état des produits et certifie l'attestation de sincérité. En un mot, tout ce que nous avons déjà dit sous le chapitre III, § 2, est applicable en l'espèce.

§ 2. — *Aliéné non interdit.*

176. — MM. Bloch et Breuillac (1), ainsi que MM. Rousseau et Laisney (2), pensent que l'aliéné non interdit ne peut pas plus céder son office qu'il ne peut vendre un fonds de commerce, car si la loi a accordé à l'administrateur provisoire désigné par la commission administrative (3), dans le cas où le malade est interné dans une maison d'aliénés, le pouvoir de vendre le mobilier avec l'autorisation du président, elle ne l'a accordé que pour le *mobilier meublant*, généralement de peu de valeur, et l'a refusé, par son silence même, à l'administrateur provisoire, nommé par les tribunaux (4).

177. — Si l'on admettait cette théorie, le parquet serait, dans ce cas, obligé de procéder d'office à la cession ainsi que nous l'avons indiqué sous le n° 163.

Mais la Chancellerie n'a jamais accepté cette doctrine (5) qui nous paraît d'ailleurs en contradiction avec le texte et l'esprit de la loi du 27 février 1880. Il résulte, en effet, des termes mêmes de l'article 1er de cette loi, qu'elle s'applique à tous les meubles incorporels quelconques appartenant aux incapables, et, par suite, aux cessions d'offices publics ou ministériels. Ce point ne souffre aucune discussion en ce qui concerne les mineurs et les interdits. Pourquoi en serait-il

(1) Bertin, *Chambre du Conseil*, 3e édit., 1894, revue par MM. Bloch et Breuillac, p. 509, n° 740.
(2) *Dict. de Proc. civ.*, 1886, t. I, v° *Aliénés*, n° 30.
(3) Loi 30 juin 1838, art. 31.
(4) Nous ne citons pas l'avis des auteurs qui se sont prononcés sur ce point antérieurement à la loi du 27 février 1880, car cette loi nous paraît avoir tranché la difficulté.
(5) Décis. 18 juillet 1845 (Massabiau, III, 4e éd. n° 4892 ; 5e éd. n° 5530 et suiv.) ; 9 juin 1857 (Gillet, 2e édit., n° 3714) ; 11 avril 1876 (Amiaud, n° 18).

autrement pour les aliénés non interdits en présence des dispositions de l'art. 8 qui nous semble absolument clair et précis à ce sujet : « Les dispositions de la présente loi, dit-il, sont applicables aux valeurs mobilières appartenant aux mineurs et aliénés placés sous la tutuelle soit de l'administration de l'assistance publique, soit des administrations hospitalières. — Le conseil de surveillance de l'administration de l'assistance publique, et les commissions administratives remplissent, à cet effet, les fonctions attribuées aux conseils de famille. Les dispositions de la présente loi sont également applicables aux administrateurs provisoires des biens des aliénés nommés en exécution de la loi du 30 juin 1838 » (1).

178. — Il y a donc lieu de distinguer entre les aliénés non interdits placés dans un établissement public et ceux qui sont dans un établissement privé.

179. — En ce qui concerne ces derniers, comme ils n'ont pas d'administrateur provisoire désigné par la loi, la cession d'un office leur appartenant est impossible tant qu'on ne leur a pas fait désigner un administrateur provisoire conformément aux prescriptions de l'article 32 de la loi du 30 juin 1838. Mais celui-ci, une fois régulièrement nommé, peut céder l'office en se conformant aux prescriptions de la loi du 27 février 1880, c'est-à-dire en se faisant autoriser par le conseil de famille, dont la délibération devra être soumise à l'homologation du tribunal si le prix de la charge dépasse 1.500 fr.

180. — Quant à l'aliéné non interdit placé dans un établissement public, l'administrateur provisoire légal, qui lui est donné en vertu de l'article 31 de la loi du 30 juin 1838, peut incontestablement céder son office avec l'autorisation de la commission de surveillance administrative, à condition toutefois d'obtenir l'homologation du tribunal si le prix de cession dépasse 1500 fr. Cela résulte clairement de l'article 8 de la loi du 27 février 1880. Toutefois M. Mesnard estime que, pratiquement, ce mode de procéder doit être rejeté, et que l'admi-

(1) Les travaux préparatoires ne laissent d'ailleurs subsister, ce nous semble, aucune hésitation à ce sujet : « Il n'eût pas été douteux que la loi nouvelle ne fût applicable à ces catégories de tutelles..., mais une disposition spéciale ne peut être inutile », dit M. Denormandie dans son premier rapport au Sénat ; et plus loin il ajoute : « Il nous a paru qu'il y avait avantage à étendre les effets de la loi aux administrateurs provisoires nommés en exécution de la loi de 1838 pour gérer les biens des aliénés placés dans les établissements publics et privés. » Sir. *Lois annotées*, 1880, p. 151. — *Sic*, Dall. Suppl. v° *Aliénés* n° 113.

nistrateur provisoire doit demander l'autorisation du conseil de famille. « Il est inadmissible, dit-il, que les intérêts fort graves dépendant du traité de cession, représentant le plus souvent la plus grande partie de la fortune du titulaire et de sa famille, soient soustraits à la protection du conseil de famille. » (Massabiau, 5e édit, t. III, n° 5531).

181. — *Sed quid*, s'il est pourvu d'un administrateur provisoire nommé conformément à l'article 32 de la loi du 30 juin 1838 ? Faudra-t-il que ce dernier obtienne l'autorisation du conseil de famille, ou peut-il se contenter de celle de la commission de surveillance administrative ?

182. — Sur ce point les avis sont partagés :

1er SYSTÈME. — L'autorisation de la commission de surveillance administrative n'est pas suffisante parce que lorsqu'un individu, placé dans un établissement public d'aliénés, a un administrateur provisoire nommé en vertu de l'art. 32, c'est que :

1° *Ou* le conseil de surveillance administrative a profité de la faculté que la loi lui accordait pour se décharger d'une mission qu'il estimait trop lourde, et l'on ne peut lui imposer, malgré lui, cette charge, qu'il a déclinée, sans porter atteinte aux intérêts de l'incapable ;

2° *Ou* le Procureur de la République a pris l'initiative de cette mesure, soit à cause de la négligence de la commission de surveillance, soit à cause de l'importance des biens de l'aliéné, et, dans ces deux cas, c'est à la famille que doit appartenir le droit et le devoir d'intervenir ;

3° *Ou* c'est la famille qui a elle-même pris cette initiative, et, alors, il n'y a aucun motif d'introduire, pour l'exclure, une exception au droit commun, puisqu'elle s'occupe des intérêts de l'incapable.

Du reste, ajoute-t-on, les commissions de surveillance administrative accomplissent fort mal leurs fonctions et particulièrement celles qui sont relatives à l'administration provisoire des biens. A Paris, notamment, les fonctions d'administrateur provisoire sont exercées en fait par un chef de bureau de la Préfecture de la Seine. On n'a pour s'en convaincre, qu'à lire le rapport de M. Roussel (1).

Enfin, le texte même de l'art. 8 semble l'indiquer : *les dispositions de la présente loi*, dit-il, *sont applicables* aux aliénés placés dans un établissement public d'aliénés, et il ajoute : le

(1) Page 99 (*Pandectes Franç.* V° *Aliénés*, n° 222).

conseil de surveillance remplira les fonctions de conseil de famille. Puis il reprend la même formule : *les dispositions de la présente loi sont applicables* aux administrateurs provisoires des biens des aliénés nommés en exécution de la loi de 1838, sans parler, cette fois, des conseils de surveillance. Cela prouve qu'il a envisagé deux cas différents, celui de l'art. 31 et celui de l'art. 32 ; or, pour le deuxième cas, il ne répète pas que le conseil de surveillance remplira les fonctions de conseil de famille, parce qu'il n'a pas voulu, et ce avec raison, de cette substitution. (*Sic* : Le Poittevin, v° *Cess. d'office.* n° 31, Massabiau, 5e édit., t. III, n° 5532).

2° Système. — L'autorisation de la commission de surveillance administrative est suffisante, car l'article 8 est formel et ne fait aucune distinction. D'ailleurs, la disposion relative aux administrateurs provisoires, ne venant qu'à la fin de l'article, prouve que tout ce qui précède leur est applicable ; lors donc qu'ils veulent profiter de la faculté qui leur est accordée par la loi de 1880, ils doivent demander, chaque fois qu'il y en a un, l'avis du conseil de surveillance et non celui du conseil de famille. D'autre part, les travaux préparatoires ne laissent aucun doute à ce sujet, car, lors de la discussion devant le Sénat, M. Denormandie, rapporteur, s'est exprimé en ces termes : « L'article 8 a pour objet de donner aux administrations hospitalières les mêmes attributions que celles qui appartiennent aux tuteurs. On nous a dit : mais, alors, il faudra peut-être, désormais, que les conseils des maisons hospitalières soient composés au moins de six membres, afin d'être en rapport et en analogie avec les conseils de famille. Non, peu nous importent les lois qui ont organisé ou qui organiseront l'administration des maisons hospitalières ; ce que nous avons voulu, *c'est donner aux conseils des attributions égales à celles que reçoivent les conseils de famille* » (1).

Le législateur a pensé, non sans motif, que les hommes honorables, désignés par l'autorité publique pour être membres d'une commission administrative, offraient, pour la sauvegarde des intérêts de l'aliéné, une garantie tout aussi grande qu'un conseil de famillle composé souvent de parents indifférents ou intéressés.

Ce mode de procéder, est, du reste, beaucoup plus rapide et moins coûteux que celui qui est préconisé par la doctrine précédente. Si l'on persiste à exiger l'autorisation du conseil de famille pour les aliénés placés dans un établissement privé, c'est uniquement parce que, dans ce cas, il n'y a pas de con-

(1) Sénat, séance du 25 mai 1878 ; *Journ. Off.* du 26, p. 5767. Sir. *Lois annotées*, 1880, p. 551.

seil de surveillance administrative, ce qui est regrettable à tout point de vue.

183. — Mais, quel que soit le système adopté, l'administrateur provisoire doit obtenir l'homologation du tribunal lorsque le prix de l'office est supérieur à 1.500 francs.

184. — Il est procédé à la nomination de cet administrateur provisoire en la forme usitée pour celle de l'administrateur provisoire désigné conformément à l'article 497 du Code civil, après interrogatoire à fin d'interdiction, c'est-à-dire sur requête, en chambre du conseil, après délibération du conseil de famille et sur les conclusions du Procureur de la République. Le tribunal compétent est celui du domicile de l'aliéné.

185. — La délibération du conseil de famille qui le désigne peut également se prononcer sur l'opportunité de la cession de l'office et le prix auquel elle doit être faite. Dans ce cas un seul jugement d'homologation suffit. C'est par conséquent la procédure que nous conseillons, comme la plus économique, chaque fois que l'on fait donner, en vertu de l'article 32 de la loi de 1838, un administrateur provisoire à un officier ministériel interné dans un asile d'aliénés.

186. — Le dossier du candidat doit donc comprendre :

A. — Si l'aliéné est pourvu d'un administrateur provisoire en vertu de l'article 31 de la loi du 30 juin 1838 :

1° La délibération de la commission de surveillance administrative désignant celui de ses membres faisant fonction d'administrateur provisoire ;

2° La délibération de cette même commission autorisant l'administrateur provisoire à céder l'office ;

B. — Si l'aliéné est pourvu d'un administrateur provisoire en vertu de l'art. 32 :

1° Le jugement nommant l'administrateur provisoire, ainsi que la délibération du conseil de famille tenu à cet effet ;

2° La délibération du conseil de famille, ou, suivant les circonstances, celle de la commission de surveillance administrative, autorisant la cession de l'office ;

Et dans les deux cas :

3° L'homologation du tribunal, si le prix de l'office dépasse 1500 francs (1) ;

(1) Les trois premières pièces sont fournies en un seul exemplaire, sur papier timbré, en la forme habituelle à ces actes judiciaires.

4° La présentation du candidat par l'administrateur provisoire ;

Enfin les pièces 2 à 16 énumérées sous le n° 23 du chapitre II, avec cette seule différence que la signature du titulaire est remplacée, sur chacune d'elles, par celle de l'administrateur provisoire régulièrement légalisée.

187. — Dans le cas ou le prix fixé par le conseil de famille ne serait pas admis par la Chancellerie, il n'est pas nécessaire de soumettre à l'homologation du tribunal le traité rectificatif, les décisions ministérielles étant souveraines en cette matière ; l'administrateur provisoire n'a pas même besoin d'obtenir l'autorisation du conseil de famille pour accepter une réduction à laquelle l'incapable ne peut se soustraire.

TABLE DES MATIÈRES

www.ingramcontent.com/pod-product-compliance
Ingram Content Group UK Ltd.
Pitfield, Milton Keynes, MK11 3LW, UK
UKHW020947180726
13838UKWH00003B/1167